Peter J. Preusse

Frei statt Staat!

Selbsteigentum, Ethik und die Verfassung der Privatrechtsgesellschaft

Für Peter F.

LICHTSCHLAG NR. 28

LICHTSCHLAG NR. 28

Peter J. Preusse

Frei statt Staat!

Selbsteigentum, Ethik und die Verfassung der Privatrechtsgesellschaft

ISBN: 978-3-939562-37-5

Coverbild von shutterstock.com

2016
Lichtschlag Buchverlag
Natalia Lichtschlag Buchverlag und Büroservice
Malvenweg 24
41516 Grevenbroich

Inhalt

Vorsatz als Vorwort

Nichts werde ich ändern. Als Leser und Laien-Philologe wage ich die Behauptung, dass dies wahrscheinlich das erste Vorwort ist, das vor dem Buch selbst geschrieben wurde. Und das allererste, das auch noch unverändert abgedruckt wird, nachdem viele Gedanken erst beim Schreiben allmählich verfertigt wurden und der Autor den Leser glauben machen will, er habe das alles bereits im Kopf gehabt, bevor er den Federkiel gespitzt hat. Auch Thomas Manns kokettes „Es werden, in Gottes Namen, ja nicht geradezu sieben Jahre sein" stimmt auf einen hermetischen Zauberkreis ein, der gewiss schon fertig ausgeschritten, beschrieben und geschrieben war, bevor er seinen Vorsatz „Und somit fangen wir an" irreführend datiert.

Hier liegt die Sache anders: Vor dem Wort war nur der Laut, und nach dem Wort kommt der Satz, das Thema, die Färbung, die Krise, die Läuterung, das Stirngestein, der Tod. Und was war vor dem Vorwort? Der Vorsatz. Nämlich der, eine Summe zu ziehen und alles zusammenzuschauen, was bei mir – und also warum nicht auch beim Leser? – sich zum Generalthema Freiheit gerundet hat. Dass ich das Thema hier mit dem Hurenwort „Freiheit" bezeichne, ist, lieber Leser, eine Konzession an Sie, der Sie vermutlich (wir kennen uns nicht persönlich) mit diesem permanent missbrauchten Wort das Edelste verbinden, was Sie als Ideal der menschenwürdigen Existenz denken. Ich werde erklären, warum ich seit spätestens 2010 mein Thema im Selbsteigentum gefunden habe, eine spröde Braut, die noch jedem Verführer sein eigenes Spiegelbild gezeigt hat, kalt und kristallklar. Also: Eine Summe ziehen aus allem, was sich im Lauf der Jahre um dieses Generalthema Selbsteigentum herum ankristallisiert hat, während der Kern selbst auch vertikal gewachsen ist zu philosophischen und verfassungsrechtlichen Spekulationen. Und diese, die Verfassungs-Gedanken, sind es, die nach einer längeren Latenzzeit jetzt anlässlich einer Vortragseinladung die

Notwendigkeit der geschlossenen Darstellung des Gesamtkomplexes katalysieren.

Was Sie als Leser und mich als Autor auf den nächsten Seiten erwartet (es werden ja nicht geradezu 700 sein . . .), ist eine systematische Hinführung zur Logik der Privatrechtsgesellschaft, zum Mut und Zutrauen, dass hinter dem angstgewölbten Horizont des Ozeans von Zweifeln festes Land und sattes und freies Leben zu finden ist, wenn auch kein Paradies; es ist der befreite Blick vom offenen Meer zurück auf die Zitadelle und Zwingburg etatistischen Denkens, die uns noch im Hafen als die einzig mögliche Welt von Ewigkeit zu Ewigkeit ängstlich erschienen war. Und es ist das Handwerkszeug, das wir uns in Jahrtausenden der Knechtschaft erworben haben, das Instrument und der Plan zum Bau einer eigentümlich freien Gesellschaft jenseits der Zweifel und in der schattenspendenden Schönheit eines offenen reich begrünten und belebten Brunnenhofes.

Mit anderen Worten: Neben und nach der Dekonstruktion etatistischen Denkens, das vielfach erst in der Folge einer jahre- und jahrzehntelangen Suche nach der besseren Politik, nach dem gerechteren Staat und dergleichen Trugbildern seine Kratzer bekommt und schließlich seinen Todesstoß empfängt, sei es mehr durch Empirie oder durch Philosophie, wohl in der Regel in konzertierter Aktion, danach also, wenn zum hundertsten und tausendsten Mal ein konkret vor die Augen gestelltes Unrecht die Verruchtheit von Herrschaft und also von Staat tief hat fühlen lassen: Danach will man sich eine Vorstellung bilden, wie die gesellschaftliche Welt denn anders organisiert sein könnte, man ahnt, man sucht mit der Seele, man will, bevor man das neue Land entdeckt: Die positive Utopie will gedacht sein, und zwar sowohl in ihrer ganzen Komplexität und mit allen apriori gültigen Implikationen, also zwingend mit mehr philosophischer als empirisch-historischer Tiefe, als auch, und das ist zweifellos psychologisch wichtig, in einer möglichst detailreichen Auflösung. Je konkreter man sich das Funktionieren einer Privatrechtsgesellschaft vorstellen kann, desto weniger Mut braucht es, desto weniger Leichtsinn wird es, das Abenteuer des intellektuellen und irgendwann auch tatsächlichen Aufbruchs zu wagen. Ob es am Ende so aussehen wird, wie man es sich vorher vorgestellt hat: Wer weiß. Es geht nicht um die Hybris, eine Zukunft am Reißbrett konstruieren zu wollen, es geht nur um die Stärkung der Zuversicht, dass die Kreativität der Menschen, die sich im Markt bewegen können und müssen, Lösungen finden wird, sozusagen um den Markt der virtuellen Wirklichkeiten.

Und ganz konkret geht es um den Entwurf einer Verfassung, die, sofern Sicherheit gegen den Willen zur Herrschaft und gegen die Bequemlichkeit der Stallhaltung überhaupt möglich ist, geeignet erscheint, das Sich-wieder-Einschleichen von Herrschafts- und Staatsstrukturen durchs Schlüsselloch zuverlässig zu verhindern – und dies im Gegensatz zu allen bisherigen Versuchen, den Tiger zu zähmen durch Appell an seine Moral: Erst die umfangreiche und begrifflich saubere Analyse findet die logische Inkongruenz, die aus dem guten Vorsatz den hinterhältigen Nachsatz entstehen lässt, ohne dafür besonderer Bosheit der Handelnden zu bedürfen. Erst eine Verfassung einer Gesellschaft, nicht eines Staates, die volles Gewicht auf die unveräußerliche Autonomie des Einzelnen legt, kann das falsche Nachtwächterstaats-Ideal des klassischen Liberalismus überwinden und Garant einer freien Gesellschaft sein – neben den anderen Säulen der gesellschaftlichen Freiheit: konkurrierendes privates Geld, privates Recht, privates Bildungswesen und das Recht auf Sezession.

Schopenhauers Mahnung

Aus der in sämmtlichen vorhergegangenen Kapiteln gegebenen Analyse der verschiedenen Funktionen unseres Intellekts erhellt, daß zu einem regelrechten Gebrauch desselben, sei es in theoretischer oder in praktischer Absicht, Folgendes erforderlich ist:

1) die richtige anschauende Auffassung der in Betracht genommenen realen Dinge und aller ihrer wesentlichen Eigenschaften und Verhältnisse, also aller D a t a.

2) Die Bildung richtiger B e g r i f f e aus diesen, also die Zusammenfassung jener Eigenschaften unter richtige Abstrakta, welche jetzt das Material des nachfolgenden Denkens werden.

3) Die Vergleichung dieser Begriffe, theils mit dem Angeschauten, theils unter sich, theils mit dem übrigen Vorrath von Begriffen; so daß richtige, zur Sache gehörige und diese vollständig befassende und erschöpfende U r t h e i l e daraus hervorgehen: also richtige B e u r t h e i l u n g der Sache.

4) Die Zusammenstellung, oder K o m b i n a t i o n dieser Urtheile zu Prämissen von S c h l ü s s e n: diese kann nach Wahl und Anordnung der Urtheile sehr verschieden ausfallen und doch ist das eigentliche Resultat der ganzen Operation zunächst von ihr abhängig. Es kommt hierbei darauf an, daß, aus so vielen möglichen Kombinationen jener verschiedenen zur Sache gehörigen Urtheile, die freie Überlegung gerade die zweckdienlichen und entscheidenden treffe.

Ist aber bei der ersten Funktion, also bei der anschauenden Auffassung der Dinge und Verhältnisse, irgend ein wesentlicher Punkt übersehen worden; so kann die Richtigkeit aller nachfolgenden Operationen des Geistes doch nicht verhindern, daß das Resultat falsch ausfalle: denn dort liegen die D a t a, der Stoff der ganzen Untersuchung. Ohne die Gewißheit, daß diese richtig und vollständig beisammen seien, soll man sich, in wichtigen Dingen, jeder definitiven Entscheidung enthalten.

Arthur Schopenhauer, „Die Welt als Wille und Vorstellung“, ed. Arthur Hübscher, Band II, Kap. 12: „Zur Wissenschaftslehre“.

Und somit fangen wir an

Anschauung, Begriff, Urteil, Schluss – dieser so selbstverständliche, aber ohne das speziell begabte und geübte Ohr des Musikers, dieser ohne die analytische Schärfe des Logikers kaum verstandene Vierklang ist es, der jeder Harmonie zugrundeliegt: Und ist sie nicht der Inbegriff von Disharmonie, von Streit und Lüge, von Betrug und Tod, die Welt unserer Staaten, im Kampf vorgeblich um unsere Freiheit? Unsere Freiheit? „Wir, wer ist das? – Ich nicht", sagt der tiefsinnige Grantler Gerhard Polt. Welche Freiheit? Die der Nation, uns zu ihren Sklaven zu machen, diese virtuelle Einheit, der die Orthographie-Reform erspart hat, als „Nazion" ihr geschichtliches „Potenzial" aufglänzen zu lassen? Die Freiheit der Reichen, bis zur Hälfte ihres durch freiwilligen Tausch erworbenen Einkommens zu behalten, der Räuber, per Stimmzettel-Mehrheit Un-Recht zu setzen, der Starken, die Last der Faulen tragen zu müssen, der Parteien, über die historische, wissenschaftliche und ethische Wahrheit zu befinden, die Freiheit der Gleichgesinnten, Andersdenkenden den Diskurs zu verweigern? Wo schleicht sie sich durchs Schlüsselloch ein, die Saat der Zwietracht, die Anmaßung der Eintracht? In welche selektive Anschauung, welchen schiefen Begriff, welches einäugige Urteil, in welchen unsachgemäßen Schluss?

Wir wollen versuchen, aufmerksam und empfindlich zu sein gegenüber dem falschen Luftzug durch die Schlüssellöcher und keine Begriffe, Urteile und Schlüsse aus der Welt des Zeitungslesers übernehmen, die wir nicht selbst nachvollzogen, abgewogen, geprüft, gebildet und umgebildet haben. Entgegen dem Vorsatz haben wir allerdings auf die „anschauende Auffassung der in Betracht genommenen realen Dinge und aller ihrer wesentlichen Eigenschaften und Verhältnisse, also aller Data", verzichtet, um nicht im Zeitgebrauch sowohl des Autors als auch des Lesers ins Uferlose und Ungewisse zu geraten – so sind es weder die sieben Jahre noch die 700 Seiten aus Thomas Manns „Zauberberg" geworden; statt „ein Ragout von andrer Schmaus" (Faust) bietet die vorliegende konzise Fassung – kurz, aber umfassend – nur das Konzentrat, nur die Summe statt der unerquicklichen Nacherzählung einer ausgiebigen Lektüre und einiger Lebenserfahrung; letztere bringt der geneigte Leser zweifellos mit, für erstere sind einige Hinweise aus meiner Sicht enthalten. Die möglichst detailreiche Auflösung, so wünschenswert sie einerseits wäre, musste so zugunsten einer übersichtlichen stringenten Struktur hintanstehen.

Dabei verlieren wir uns nicht in der Illusion, dass ein Etikett an jedem herbeizitierten Faktum, an jedem formulierten Gedanken, das seine Herkunft bezeugt und die Quelle belegt, vor Irrtum schützt; auch sind wir nicht in der Lage, ein mathematisch-stringentes logisches Gebäude aufzurichten, wenn wir Gesellschaft beschreiben und verstehen wollen. Auf den Triumph, am Ende ein „q.e.d.", „was zu beweisen war", notieren zu können, verzichten wir angesichts der Komplexität und Abgründigkeit menschlicher Belange gern. Vielmehr bewegen wir uns im weiten Reich des common sense, das sowohl allzugängliche Erfahrungen als auch allverständliche Gedanken umfasst. Die Überlegungen handeln von idealtypischen und strukturellen Zusammenhängen, sind also ausgesprochen theoretischer Natur; indem sie aber die Axiome, die Invarianzen und damit das Rückgrat der Kausalität ins Auge fassen, erheben sie den Anspruch, mehr oder weniger dominant zur Geltung zu kommen, ungeachtet anderer wichtiger Einflüsse wie psychologischen und historischen, technischen, geographischen und kulturellen, also insgesamt kontingenten Gegebenheiten. Von herausragendem Interesse sind hier diejenigen nicht-kontingenten Gegebenheiten und konstanten Bezüge, ohne die alles Chaos wäre ohne sinnvolle Interpretierbarkeit, ohne Vorhersagbarkeit und damit auch ohne die Möglichkeit von zielgerichtetem Eingreifen in die Kausalkette: ohne die Möglichkeit menschlichen Handelns.

Was die Frage der Originalität angeht, bekennen wir gern, dass auf dieser Welt wohl kein Gedanke ist, der nicht schon einmal gedacht, nicht schon zweimal verdreht und nicht schon dreimal widerlegt wurde. Wir werden auf die Quellen besonderer Gedanken und wenig geläufiger Fakten hinweisen, wie es sich ergibt – und im ersten Teil, der Betrachtung vom erhöhten Standpunkt aus, das ist: in der Theorie, ergibt es sich sehr oft; im zweiten Teil mit dem Generalthema der Überwindung des politischen Streits, der Sphäre der Göttin Eris, durch Kooperation und Sympathie, die dem Reich des Eros entstammen, also in der Hinführung zur legitimen Privatrechtsgesellschaft und deren Verfassung, reichen regelmäßig pauschalere Hinweise auf wichtige Literatur. Für beide Teile müssen wir den geduldigen Leser schon jetzt um Verzeihung für manche Zumutung bitten, abstrakte Zusammenhänge nackt und bloß darzustellen, ohne sie durch Beispiele zu illustrieren, die aber ihrerseits wieder erläuterungsbedürftig und in ihrer Komplexität zu analysieren wären, was uns hier zu sehr vom Weg ablenken würde. Was uns als neuer Gedanke erscheint, mag hier und da nur verschüttet sein oder einfach unserer gar zu beschränkten Kenntnis unzugänglich. Aber wir widersprechen nicht der Anschauung vom inkrementellen Wachstum von Wissen und Weisheit. Eos, die Göttin der Morgenröte, ist immer da, wo wir noch nicht sind.

Teil 1: Selbsteigentum und Ethik

Wie aus der Österreichischen Ökonomie eine vollständige Österreichische Ethik wird

Zusammenfassung:

Die Arbeiten von Rothbard und Hoppe können betrachtet werden als Fortentwicklung der Österreichischen Schule von einer rationalen Nationalökonomie zu einer rational begründeten Ethik,[1] die wiederum das logisch vollständige Fundament der Ökonomie bilden könnte. Die verdichtete Struktur dieses Denkgebäudes wird umrissen und das früher angedachte ergänzende dritte Axiom[2] logisch folgerichtig entwickelt.

In der neuen Formulierung der eigenständigen Gleichrangigkeit der selbsteigentümlichen Wertrechtsträger wird eine stringente, widerspruchsfreie und sachlich zutreffende Repräsentation der conditio humana gefunden, die anstelle der unscharf gefassten appellativen „Gleichheit" der Menschen als Menschen deren „Würde", i.e. Stellung, abbilden kann.

Dies ist die spiegelbildliche Entsprechung zur Dekonstruktion des überfrachteten und dadurch diffusen Freiheitsbegriffs zu einer simplen Definitionsgleichung bei gleichzeitiger Fundierung des Desideratums der Freiheit in der soliden Deduktion des Selbsteigentums als Datum aus dem selbstevidenten Handlungsaxiom, dem zweiten Axiom der Diversität und dem dritten Axiom vom menschlichen Rang.

Weiterer Klärungsbedarf bezüglich des Axiomcharakters des Satzes von der eigenständigen Gleichrangigkeit der selbsteigentümlichen Wertrechtsträger wird aufgezeigt und dessen Verhältnis zur Universalisierbarkeitsforderung aller ethischen Maximen angesprochen.

Die begrenzte Reichweite auch der so erweiterten ethischen Theorie wird aufgezeigt.

Wem dies genügt, der kann gleich zum Teil 2 gehen . . .

Der Hintergrund

Vermutlich ist im öffentlichen Diskurs kein anderes Wort so überfrachtet in Anspruch genommen worden wie das der Freiheit. Sind so entfernte und gegenläufige Inhalte wie z. B. nationale Freiheit, Fieberfreiheit und Freiheit als Notwendigkeit auf einen Begriff zu bringen? Ist der adjektivlose Kern von oft bi- und tripolar empfundenen Größen wie wirtschaftlicher, politischer und individueller Freiheit begrifflich sauber fassbar?

Selbst in der österreichischen Tradition gibt es weit mehr als nur Bedeutungsnuancen, wenn von Freiheit die Rede ist, die im wesentlichen mit der mehr oder weniger erfolgten gedanklichen Überwindung von Staat zu tun haben. Immerhin ist Freiheit in der liberalen Ideengeschichte der identitäts- und namensstiftende Zentralbegriff.

Anders der Begriff der Gleichheit, der außerhalb der liberalen Tradition fast synonym für Gerechtigkeit mit der Aura eines ethischen Grundpostulats steht[3] und im Zweifelsfall die Freiheit meist an die Wand drückt. Dem sakrosankten Status der Gleichheit auf der einen Seite entspricht dabei die Tabuisierung von Gleichheit auf der anderen, der österreichischen Seite.[4] Sie beschränkt sich darauf, das Tabu des etatistisch-sozialistischen Gegners aufzubrechen, ignoriert dadurch aber selbst die Frage, inwieweit Menschen als Menschen eben doch in irgendeiner Weise „gleich“ sind. Die Österreichische Schule postuliert zwar die Gleichheit vor dem Recht, verzichtet aber darauf, die Reichweite des Begriffs der Gleichheit theoretisch abzubilden. Dies, so meine ich, ist jenseits des etatistischen Interessenstandpunktes einer der Gründe für die relativ geringe Akzeptanz ihrer Ideen in intellektuellen und semiintellektuellen Kreisen: Vom egalitären Sozialismus fühlt sich mancher mitgenommen, vom elitären Liberalismus aber ausgegrenzt, während sich eine zahlreiche selbsternannte „Elite“ durch die egalitäre Ideologie zur Partizipation an der Herrschaftsmacht berufen sieht.

Die Bühne

Was tun, wenn fast alle Wörter schiefe, schwammige Begriffe bezeichnen und zwischen Mund und Ohr umgedreht werden wie von einer dysfunktionalen Autokorrektur? Es hilft allein die Arbeit an und auf einem Fundament von expliziten Grundannahmen, die apriorisch selbstevident sind, überprüfbar und widerspruchsfrei sowie generell anwendbar. Was hierauf gebaut wird, muss geradlinig der strengen Logik gehorchen, anstatt sich gewunden an Konvention oder Interesse anzupassen.

Wir reden hier nicht über diese oder jene Einzelheit, die empirisch-historisch hier oder da so oder so sein könnte, gewesen sein könnte oder werden könnte. Die Rede ist vielmehr allein vom immer und überall in gleicher Weise a priori gültigen axiomatisch-deduktiven Fundament sowohl der Ökonomie, wie sie insbesondere von Ludwig von Mises formuliert wurde, als auch der rationalen Ethik, zu der Rothbard und Hoppe sie später zu erweitern gestrebt haben.[5]

Dieses Fundament von Ökonomie und Ethik ist einheitlich und identisch; ich möchte sogar den Satz zur Diskussion stellen, dass entgegen der zeitlichen Entwicklung von der ökonomischen Wissenschaft als Praxeologie zur jetzt vollständig umrissenen rationalen Ethik diese Ethik selbst erst das vollständige Fundament der Ökonomie darstellt. Ökonomie und Ethik erscheinen dann nicht als zwei getrennte Wissenschaften auf einem gemeinsamen Fundament, schon erst recht nicht auf verschiedenen Fundamenten, sondern die gesamte Ethik bildet das Fundament der Ökonomie. Es stellt sich heraus: Ökonomie ist angewandte Ethik.

Auch hier erscheinen mir eine Klärung der Begriffe und ein eindeutiger Sprachgebrauch[6] insofern nötig, als auch innerhalb der Österreichischen Schule die Begriffe Moral und Ethik nicht immer scharf getrennt werden.[7] Ich verwende die Begriffe folgendermaßen:

Ethik[8] beschäftigt sich mit interpersonaler Interaktion. Sie stellt und beantwortet die Frage der Legitimität und stellt alternativlose und universalisierbare Normen[9] auf, die für die Konfliktvermeidung und Konfliktlösung unter Knappheitsbedingungen aus der rationalen Natur des Menschen und aus der Bejahung des Lebensrechts erwachsen. Ihre Methode und ihre Form ist die Kognition, ihre Sätze sind Ist-Sätze, sie handelt von objektiven Angelegenheiten von Zwang oder Zustimmung.

Moral handelt von primär intrapersonalen, dann aber auch gesellschaftlich vermittelten Wertehierarchien. Moralische Aussagen sind konventionell, das heißt: Sie haben sehr wohl Alternativen und variieren gewöhnlich in vieler Hinsicht je nach Kultur, Ethnie oder Gruppe und verändern sich über die Zeit. Moral kann zwischen „ich", „wir" und „sie" unterscheiden, ist also nicht zwangsläufig universalisierbar und damit ggf. nicht ethisch. Ihr Gegenstand ist der Wille, sie ist subjektiv, willkürlich und konventionell. Ihre Sätze sind Soll-Sätze über „gut" und „böse", sie transportieren Werte.

Ökonomie analysiert die interpersonalen Beziehungen im Bestreben der Überwindung von Knappheit an beliebigen materiellen und immateriellen Gütern auf jedem Niveau. In individualistischer und rationalistischer Methodik stellt und beantwortet Ökonomie die Frage, auf welche Weise Ziele erreicht werden können. Dabei findet sie, dass nur das ethisch Legitime auch das wirtschaftlich Effektive ist,[10] dass sich also Aggression nicht lohnt.

Obwohl die formallogische Stringenz-Forderung spätestens seit Ludwig von Mises Kernbestand österreichischer Epistemologie ist,[11] ist erstaunlicherweise die Struktur des austrolibertären Gedankengebäudes nirgends als solche expliziert worden, soweit ich sehe: Welches sind die Axiome, was ist auf welche Weise von welchem Axiom oder von welchen Axiomen deduziert mit Hilfe welcher Definitionen?[12] Lassen Sie mich das zunächst in der gebotenen Kürze und ohne ungebührliche Vereinfachung versuchen, wenn auch ohne besonderen Anspruch an formallogische Vollständigkeit,[13] bevor ich aus dieser logischen

Struktur heraus darauf komme, was mit dem Begriff der Gleichheit sinnvoll gefasst werden kann.

Sozusagen aus Anhänglichkeit an die Entstehungsgeschichte möchte ich die Reihenfolge der Darstellung der axiomatischen Struktur beibehalten; allerdings hat die Herausforderung, das Selbsteigentum nachvollziehbarer als bislang zu deduzieren, gezeigt, dass für diese Deduktion, die ganz am Anfang meines Weges durch das Gedankengebäude liegt, dasjenige essentiell erfordert ist, was bei der Explikation und Darstellung der axiomatischen Struktur der Österreichischen Schule ganz zuletzt kam und kommt, nämlich das Axiom vom menschlichen Rang. Es versteht sich dabei von selbst, dass das Eigentum rational bestimmt sein muss, bevor man erwarten darf, das Selbst-Eigentum zu deduzieren.[14] Es stellt sich heraus, dass das dritte Axiom vom autonomen interpersonal gleichen Rang des Wertungsrechts bereits sogar in dem, gegenüber dem Selbsteigentum noch grundlegenderen, Konzept des Eigentums als solchem vorausgesetzt ist. Die Sache muss also mehr oder weniger vom Ende her verstanden werden.

Die Arbeit basiert auf den theoretischen Schriften insbesondere von von Mises, Rothbard und Hoppe, aber auch von de Jasay. Im Interesse eines klaren Überblicks verzichtet sie daher auf eine gründliche und vollständige Darstellung des angedeuteten Inhalts. Es ist nicht das Anliegen dieses Essays, diese Denkrichtung gegenüber anderen innerhalb der Österreichischen Schule zu verteidigen. Aber anders als in der Ideengeschichte geht es mir hier um einen begrenzten Satz strikt definierter Begriffe; sie sollen eine solide Grundlage bilden für das umfassende und himmelstürmende intellektuelle Gebäude der Österreichischen Ökonomie und der rationalen Ethik. Eine andere gebräuchliche Metapher sieht diese rationale Ethik als Brücke über den Abgrund zwischen Innenwelt und Außenwelt.[15] Diese konsequente Selbstbeschränkung auf strikt definierte Begriffe erscheint zwingend, wenn man bedenkt, dass beispielsweise selbst ein so zentraler Begriff wie das „Handeln“, das von Mises im allerersten Satz seines Opus magnum als „bewusstes Verhalten“ respektive in „Human Action“ als „purposeful behavior“ definiert wird, in der Literatur einen uneinheitlichen begrifflichen Status zugesprochen bekommt: Er selbst sieht das Wissen vom Wesen der Handlung als „vor aller Erfahrung gegeben“[16] oder das Handeln als Kategorie,[17] während Rothbard und Spätere vom Axiom der Handlung sprechen,[18] ungeachtet der Tatsache, dass die Formulierung „action axiom“ in von Mises‘ Hauptwerken wohl nicht vorkommt;[19] in seiner formallogischen Darstellung „Getting Mises Apriorism Right“ behandelt Oliva Córdoba das Handeln schlicht als Idee oder (Kern-) Begriff.[20]

Der erkenntnistheoretische Status der „Praxeologie, der apriorischen Wissenschaft vom menschlichen Handeln“[21] ist insgesamt vielfach strittig.[22] Insbesondere werden die Begriffe des analytischen und synthetischen apriori wahren Satzes in der Praxeologie gegensätzlich verwendet. Hoppe schreibt:[23]

„Das Charakteristikum Kantischer Philosophie ist der Anspruch, dass es a priori wahre synthetische Sätze gibt – und weil Mises diesen Anspruch teilt [keine Quellenangabe], kann er als Kantianer gelten. [...] Nach Kant liefern Mathematik und Geometrie Beispiele für wahre apriorisch-synthetische Sätze.“

Andererseits stellt von Mises das Konzept „Geld“ als Beispiel eines apriorischen Begriffs vor, der bereits alle Sätze der Geldtheorie impliziert, und stellt in „Human Action“ fest:[24]

„Aprioristische Argumentation [...] kann nichts anderes als Tautologien und analytische Urteile hervorbringen. [...] Alle geometrischen Sätze sind bereits in den Axiomen unausgesprochen enthalten. Der Begriff eines rechtwinkligen Dreiecks impliziert den Satz des Pythagoras. Dieser Satz ist eine Tautologie, seine Deduktion ist ein analytisches Urteil.“

Es erscheint mir augenfällig, dass diese verwirrende bis kontradiktorische Sicht auf den analytischen oder synthetischen Status geometrischer Sätze keine besondere Aufmerksamkeit erregt hat. Mehrdeutigkeit der Begriffe sogar in der Geometrie ist jedenfalls kein Indiz für deren Brauchbarkeit in der Praxeologie. Mangels Kenntnis , ob nicht Kant zum Beispiel nur die je nach Zählung neun bis zwölf mathematischen Axiome des Euklid[25] als apriorisch-synthetisch einordnet, nicht aber etwa den Satz des Pythagoras, enthalte ich mich des Urteils in dieser Diskussion und beruhige mich mit den Worten des Meisters:

„Praxeologie ist apriorisch. Alle ihre Sätze sind Produkte deduktiver Schlussfolgerung, die von der Kategorie des Handelns ausgeht. Die Frage, ob die Urteile der Praxeologie analytisch oder synthetisch zu nennen sind und ob ihre Vorgehensweise ‚nur' tautologisch genannt werden muss, ist lediglich von sprachlichem Interesse."[26]

Sei es analytisch, sei es synthetisch: In rein formaler Weise wird Denken nie sinnvolle und inhaltsvolle Ergebnisse liefern ohne „Verstehen", wie immer auch dies durch aussagekräftige Definitionen oder welthaltige Axiome der anschauenden Auffassung eingeführt wird.

Zur Darstellung der logischen Struktur verwende ich das folgende begriffliche Instrumentarium:

1. Eine Definition ist ein Satz, der für einen bezeichneten komplexen Sachverhalt eine Kurzformel angibt. Sie ist nicht ein Ergründen eines verborgenen Inhalts eines Begriffes, hat also keinen Erkenntniswert.[27]

2. Ein Axiom der anschauenden Auffassung, im Folgenden einfach Axiom genannt, ist ein Ist-Satz, der folgende sechs sich teilweise überschneidenden Bedingungen erfüllt: (1) Er ist selbstevident in reflektiver eher als in intuitiver Weise. (2) Ein Axiom der anschauenden Auffassung beschreibt einen grundlegenden Aspekt der Erfahrung, ohne komplexe Begriffe vorauszusetzen, die ihrerseits zusätzliche ungenannte Voraussetzungen implizieren. (3) Ein Axiom ist apriori gültig, das heißt, nicht auf historische Erfahrung angewiesen. (4) Es ist nicht reduzierbar, also nicht Folge eines anderen Satzes. (5) Es ist universalisierbar, also umfassend anwendbar, und (6) ist es nicht widerlegbar ohne performativen Widerspruch.

Den experimentell-spielerischen Axiombegriff eines willkürlich und beliebig gewählten Ausgangspunktes für ein formales Gedankengebäude lasse ich hier außer Betracht,[28] ebenso das Axiom als unspezifizierte Bezeichnung einer grundlegenden

Annahme. In diesem Sinn beschreibt Rothbard später das nonaggression principle als Axiom,[29] das ein klarer Soll-Satz ist. Stattdessen folge ich dem früheren Rothbard und von Mises, der in Abgrenzung hiervon von der „Kategorie“ spricht: Das menschliche Handeln ist ihm eine „ultimative Gegebenheit“.[30] Nach Hoppe,[31] der sich auf Kant stützt, erscheint der Begriff des Axioms der anschauenden Auffassung angemessen, dieses spezifische Verständnis des Axioms zu bezeichnen.

3. Eine Deduktion ist ein Satz, der gewonnen wurde durch logischen Schluss aus der Anwendung eines oder mehrerer Axiome auf eine bestimmte Situation.[32]

Die so aufzustellenden Sätze sind, ähnlich denen der Mathematik, vordergründig oft banal, gewinnen ihre Brisanz aber aus der Verknüpfung miteinander und in der stringenten Anwendung. Wie in jedem argumentativen Zusammenhang stehen die Konzepte und Begriffe nicht isoliert für sich, sondern haben ihre Plätze und vielfachen Beziehungen in einem komplexen, quasi räumlichen Gedankengebäude. Die Bewertung einzelner Aspekte im Lichte des Ganzen ebenso wie des Ganzen im Lichte aller Einzelaspekte ist daher nötig zum Urteil, ob die Axiome tragend, die Definitionen funktional und die Deduktionen stringent sind. Im Interesse der Vermeidung von Schwächen wie etwa Inkonsistenz, Binsenweisheit oder Zirkularität behaupte ich, dass ein möglicher und in sich schlüssiger linearer Weg durch die multirelationale, also quasi räumliche Struktur des Gedankengebäudes somit der folgende ist:

Das Stück

Das erste Axiom der anschauenden Auffassung: Handeln

Das fundamentale Axiom der rationalen menschlichen Wahlhandlung, kurz der Handlung, bezeichnet die Rationierung knapper Mittel zum Erzielen von Zwecken.[33] „Den Begriff des Handelns aber finden wir in uns selbst; das Wesen des Handelns erkennen wir als handelnde Menschen aus einem Wissen, das uns vor aller Erfahrung gegeben ist.“[34, 35]

Denken und Handeln sind zwei Aspekte derselben Sache, nämlich der realen, nicht nur reflektiven, sondern aktiven Beziehung des Menschen zur Außenwelt.[36] Es scheint bemerkenswert, dass auch außerhalb der austro-libertären Tradition zeitgenössische Philosophie diese Sicht aufnimmt und vertieft: Peter Janich[37] stellt dem Handeln, das zu unternehmen oder zu unterlassen man wählen kann und das gelingen oder misslingen kann, das Verhalten im engeren Sinn wie etwa den Kniescheibenreflex gegenüber, um aus dem Widerfahrnis des Gelingens und Misslingens einer zweckhaften Handlung die Erfahrung, das Wissen, die Erkenntnis herzuleiten, die als wissenschaftliche mit Hilfe theoretischer Stilisierungen die Intersubjektivität herstellen soll. Er resümiert sogar, dass „keine prinzipiellen Einwände sichtbar [seien], jegliche Form wissenschaftlicher Erkenntnis [...] nicht ausschließlich als Widerfahrnisse im zweckgerichteten Handeln zu sehen“.

Rationales Handeln bedeutet immer eine Wahl zwischen sich gegenseitig ausschließenden Zuständen von Geben und Nehmen, gegebenenfalls über mehrere Zwischenziele ausgerichtet auf ein strategisches Ziel. Dies gilt genauso im Außenverhältnis der Tauschhandlung mit anderen wie im Innenverhältnis des Tauschs alternativer Verwendungen der eigenen Körperzeit[38] für dieses oder jenes Ziel der inneren Wertehierarchie. Der entscheidende Unterschied von humanem und animalischem Wesen scheint auch heute noch im Zweck-Mittel-Denken[39] und im

Monopol der Negation[40] zu bestehen, das den basalen Verhaltensmechanismen angelagert ist und diese überlagern und überwölben kann.

Dieser Satz der rationalen Wahlhandlung – Handeln ist Rationieren (bewusstes Zuteilen) knapper Mittel zur Erreichung gewählter Ziele – erfüllt die formalen Anforderungen eines Axioms der Anschauung: Er ist ein Ist-Satz, der (1) reflektiv selbstevident ist, (2) empirisch grundlegend und unabhängig, (3) a priori, (4) nicht reduzierbar, (5) universal gültig und (6) unwiderlegbar ist.

Wie oben gesagt, hat Ludwig von Mises den Ausdruck „Axiom" zur Charakterisierung des erkenntnistheoretischen Status des Handlungsbegriffs nicht benutzt; in allen Hauptwerken verwendet er die Ausdrücke „Kategorie" und „letzte Gegebenheit" (ultimate given).[41] Aber was genau ist die ultimative Gegebenheit? In „Human Action" lesen wir:[42]

„Konkrete Werturteile und bestimmte Handlungen sind keiner weiteren Analyse zugänglich. [...] Solange wir nicht wissen, wie äußere Tatsachen – physikalische oder physiologische – in einer menschlichen Seele bestimmte Gedanken und Willensregungen erzeugen, die in konkrete Handlungen münden, sind wir mit einem unüberwindlichen methodischen Dualismus konfrontiert. [...] Menschliches Handeln [...] muss als eine letzte Gegebenheit betrachtet und als solche studiert werden."

Müsste man sogar sagen: Es gibt zwei letzte Gegebenheiten im menschlichen Handeln? 1. Die Wahl von irgendetwas, dass es für das betreffende Individuum ein letztes Ziel sei, oder, allgemeiner gesprochen: die Bewertungen, die mit verschiedenen Aspekten und Zuständen der Realität verbunden werden, und 2. die menschliche Rationalität, die verfügbare Mittel gewählten Zielen zuweist, will sagen: angenommene Kausalität verbindet Bewertungen, Willensimpulse[43] und tatsächlich durchgeführte Handlungen und analysiert die Wirkungen von durchgeführten oder erwogenen Handlungen. Praxeologie handelt von der Ratio in Interaktion mit Wert und Wille.

Ich konnte keinen eindeutigen Hinweis finden, ob Mises das zweite Element, menschliche Rationalität, als ein Letzgegebenes an sich sieht. Wenigstens ist es völlig klar, dass Rationalität ein notwendiges Element jeder menschlichen Handlung ist: „Menschliches Handeln ist notwendig immer rational. Der Terminus ‚rationale Handlung‘ ist ein Pleonasmus und muss als solcher zurückgewiesen werden.“[44] Zugespitzt könnte man sagen: Menschliche Wahlhandlung beinhaltet die irrationale Letztgegebenheit der Zielwahl und die rationale Letztgegebenheit des Handelns; sie ist rationales Handeln aufgrund einer irrationalen Wahl.[45] Praxeologie erforscht die Rationalität des Handelns, Geschichte die Irrationalität der Wahl.[46]

Die erste Deduktion: Das Selbsteigentum

Selbsteigentum als Eigentum seines Körpers schließt äußere Kontrolle aus.

Wessen Eigentum kann der Mensch sein? Weiter unten wird Eigentum deduziert von den Axiomen des Handelns, der Verschiedenheit und des menschlichen Ranges. Eigentum bedeutet exklusive Kontrolle über Gebrauch, Veränderung und Aufgabe. Um zu einem schlüssigen Konzept von Selbsteigentum zu kommen, müssen daher zunächst zwei zusammenhängende Fragen beantwortet werden: (1) Kann des Menschen Wille von irgendjemandem außer ihm selbst ausgeübt und kontrolliert werden? (2) Ist des Menschen Wille veräußerbar?

Zum ersten: Indem und soweit der Mensch ein rationales Wesen ist, ist er ein handelndes Wesen, das heißt er teilt seine inneren und äußeren Mittel seinen Zielen zu, er rationiert. Gesetzt nun, es wären (a) seine Ziele durch einen legitimen Akt und durch erfolgreiche Aufgabe des Eigenwillens unter fremder Kontrolle, er hätte sich also freiwillig in Sklaverei begeben, und (b) es wären alle äußeren Mittel nicht in seinem Eigentum, so bestünde immer noch die unumstößliche Tatsache, dass er selbst die einzige Einheit ist, die die inneren Mittel, sei es die organischen oder die metaphysischen, direkt ausüben und direkt kontrollieren kann. Ein anderer müsste erst seine eigenen Mittel einsetzen, um indirekt danach und dadurch die fremden Mittel zu regieren. Die erste Frage muss daher negativ beantwortet werden: Des Menschen Wille kann nur von ihm selbst ausgeübt und kontrolliert werden.

Zweitens: Auch wenn er sonst invariant wäre, unterliegt der menschliche Wille Änderungen durch wechselnde physiologische Bedingungen. Selbst wenn also metaphysische Mittel wie Intelligenz und Charakter irrelevant oder erfolgreich veräußert wären, bestimmten immer noch organische Veränderungen den Willen in erheblichem Maß. Da man nicht ablegen und veräußern kann, was man nicht auch tatsächlich hat, was man nicht besitzt, worüber man nicht verfügt, so ist ein zukünftiger Wille unveräußerlich. Der Mensch kann also absolute Kontrolle über die Ressourcen seines Körpers ausüben und so seine frei gewählten Handlungen ausführen.[47]

Nach obigem ist es eigentlich unnötig, Konzepte des kollektiven Eigentums an der Person[48] oder sogar noch ferner liegende[49] eigens zurückzuweisen.[50] Indem also Fremdkontrolle durch Eigentum ausgeschlossen ist, steht zunächst der Negativ-Satz vom Nicht-Fremdeigentum.[51] Ist aber positives Selbsteigentum ein stringentes Konzept? Das läuft auf die Frage hinaus, ob eine Person überhaupt als Eigentum besessen werden kann. Hier muss ich den deduzierten Begriff von Eigentum als eine notwendige Voraussetzung des Begriffs von Selbsteigentum vorwegnehmen: Durch gezieltes Verändern von in der Natur vorgefundenen Ressourcen werden diese das Eigentum des Bearbeiters, das heißt, Arbeit befähigt zu exklusiver Kontrolle über Gebrauch, Veränderung und Aufgabe. In der Anwendung dieses Ergebnisses einer Deduktion auf die intellektuell so vertrackte und emotional so zärtliche Beziehung des Selbst zum Selbst[52] finden wir: Ja, jedes von uns menschlichen Wesen kann Ressourcen des eigenen Körpers, etwa seine Muskeln und Ganglien, zielorientiert verändern und tut dies tatsächlich auch, und ja, wir alle können exklusive Kontrolle über Gebrauch, Veränderung und Aufgabe unseres Körpers ausüben und tun dies tatsächlich, womit die notwendigen Attribute des Eigentums vollständig erfüllt sind.

Danach also kann der Mensch ein Eigentum sein und kann nur ein Eigentum seiner selbst sein. Selbsteigentum hat daher den epistemologischen Status einer Deduktion aus dem Axiom der Handlung, indem es sich verwirklicht in zielgerichtetem Handeln. Zusätzlich aber ist es eine Deduktion aus dem Axiom der Varianz, insofern Handeln sowohl die Ungleichverteilung von Ressourcen voraussetzt als auch sie bewirkt. Darüber hinaus ist das Selbsteigentum auch eine Deduktion vom Axiom des menschlichen Ranges, welcher unabdingbar ist zur Vermeidung von Konflikten rational handelnder Menschen.

Da Selbsteigentum also eine Deduktion ist und also auf andere Sätze reduziert werden kann, ist es nicht selbst ein Axiom, wie wir vielfach lesen, etwa in Rothbards Werk.[53] Andererseits kann man etwa eine Passage aus „For A New Liberty“ als Andeutung dafür lesen, dass das dritte Axiom des menschlichen Ranges ein notwendiges Element im Konzept des Selbsteigentums ist:

„Das Recht auf Selbsteigentum bestätigt das absolute Recht jedes Menschen, kraft seines (oder ihres) Menschseins, ‚Eigentümer‘ seines oder ihres eigenen Körpers zu sein, das heißt, sich dieses Körpers frei von erzwungener Einmischung zu bedienen.“[54]

Hoppe argumentiert, dass schon die Argumentation als solche sowohl Selbsteigentum als auch das Eigentum an äußeren knappen Gütern voraussetzt. Der Körper eines Individuums ist

„der Prototyp eines knappen Gutes [...], für dessen Gebrauch Eigentumsrechte, das heißt Rechte des exklusiven Eigentums, schon irgendwie begründet sein müssen, um Zusammenstöße zu vermeiden.“[55]

Die erste Definition: Die Freiheit

Statt das „Wesen“ der Freiheit und ihre Bedingtheiten ergründen zu wollen, postuliert de Jasay einfach die präliminäre Freiheitsvermutung für alles, was jeweils mit den eigenen Ressourcen ausführbar ist. Eine solche Handlung ist legitim, solange die verwendeten Ressourcen rechtmäßig erworben sind und durch die Handlung nicht fremde Rechte verletzt werden, die beispielsweise in der Erfüllung einer von mir übernommenen Pflicht bestehen können.[56] Dann kann Freiheit negativ definiert werden als die Abwesenheit von willkürlichem Zwang,[57] oder noch präziser, Freiheit ist der Zustand der Nicht-Aggression.

Die zweite Definition: Die Aggression

Im Sinn von Definitionen, also Kurzformeln, bedeutet Aggression die Verletzung der physischen Integrität des Eigentums durch andere Selbsteigentümer ohne vertragliche Zustimmung oder deren unmittelbare Androhung.

Die dritte Definition: Der Vertrag

Der „Vertrag" bezeichnet eine freiwillig zustandegekommene Übereinstimmung über die Übertragung von Rechten und Pflichten.

Die zweite Deduktion: Der freie Wille

Im Gegensatz zum Tierverhalten lässt menschliches Handeln freien Willen erkennen, insofern es Ziele verfolgt durch bewusstes Eingreifen in die Kausalkette der Ereignisse, sei es unter zutreffender oder unzutreffender Vorstellung der Kausalität und sei es erfolgreich oder vergeblich.[58] Das zum Überleben notwendige Wissen ist dem Menschen nicht angeboren; die bloße Tatsache, dass er hierzu seinen Verstand gebrauchen muss und also die Wahlhandlung ausübt, dies zu tun oder mehr oder weniger zu unterlassen, beweist, so Rothbard, dass er einen über das Deterministisch-Naturhafte hinausgehenden freien Willen hat[59], der sich damit deduktiv aus dem Begriff der rationalen Wahlhandlung ergibt. Die Sphäre des freien Willens wird am genauesten bezeichnet durch die nur dem Menschen offenstehende fundamentale Wahl, sich rational oder irrational zu verhalten gemäß den humanen oder den animalischen Aspekten seiner Natur.[60]

Indem er sich Ziele vorstellt und die geeignet erscheinenden Mittel dazu wählt, handelt der Mensch gemäß bestimmten Ideen, die er sich mental angeeignet hat. Ideen zu entwickeln statt einfach von Instinkten getrieben zu sein ist das Kernkonzept des freien Willens. Mises schreibt und zeigt im Detail, dass es Ideen sind, die die Geschichte vorantreiben. Daher wäre Geschichte ohne den freien Willen auf Naturgeschichte begrenzt.[61]

Die vierte Definition: Das Recht

Ein Recht ist die rationale Bekräftigung des Eigentumsverhältnisses des Individuums gegenüber seinem Körper und den Produkten seiner primären Aneignung durch Arbeit sowie den erworbenen Titeln, sei es durch den konsensuellen Übergang einer Schenkung, oder durch vertraglichen Tausch.

Damit ist jedes Recht ein Eigentumsrecht;[62] die traditionell im Plural genannten property rights sind im Kern nur dieses eine Recht, das allenfalls durch komplexe Tauschbeziehungen und Anteilsbildungen kompliziert wird, sodass man von primärem und sekundärem Recht sprechen kann, nicht aber von unabhängigen „Rechten". Begrifflich bezeichnet jedes Recht nur das Eigentumsverhältnis, das erstens die Prima-facie-Prüfung von direkter versus indirekter Kontrolle, primärer versus sekundärer und früherer versus späterer Kontrolle besteht, und das zweitens entgegenstehende Eigentumsansprüche entkräften kann durch Nachweis der primären Aneignung oder des vertraglichen Titelübergangs.

Dagegen hat alles positive Recht rein deklamatorischen Charakter und wird durch Macht und/oder Konvention, eben Gemeinheit, gestützt, könnte also auch anders sein und ist es tatsächlich auch; positives Recht hat aber keine rational-ethische Substanz. In der Tat ist dieses „Jederzeit-auch-anders-sein-Können" der einzige gemeinsame Nenner positiven Rechts, was in wahrscheinlich jeder historischen Dimension sichtbar wird, Geschichte geradezu eigentlich ausmacht.[63]

Die fünfte Definition: Die Pflicht

Vertraglich geschuldete Arbeit heißt Pflicht. Damit wirkt ein Vertrag, der Pflichten enthält, in die Zukunft. Da der Wille sich nicht selbst aufgeben kann, muss ein geordneter Rückzug aus einer vertraglichen Pflicht möglich sein. Jeder derartige Vertrag enthält daher explizit oder über den Rechtsweg implizit eine alternative Form der Erfüllung einer übernommenen Pflicht etwa in der Art einer Überschreibung von Rechtstiteln im Fall der Nichterfüllung. Diese kann über die reine Annullierung und Rückabwicklung des Vertrages hinausgehen.

Die sechste Definition: Die Arbeit

Zielgerichtete Tätigkeit zur Überwindung einer Mangelsituation heißt Arbeit. Sie ist insofern nur ein allerdings typischer Sonderfall der menschlichen Wahlhandlung, als sie durch Tätigkeit in der Gegenwart einen aktuellen oder als konkret oder potentiell antizipierten Mangel erst in der Zukunft beheben will.

Diese begriffliche Nähe zur Handlung, die etwa im romanischen „neg-otio“, also „Nicht-Muße“ zum Ausdruck kommt, mag für eine gewisse Verwirrung in der Ideengeschichte verantwortlich sein: Wie weiter oben im Zusammenhang der epistemologischen Stringenzforderung ausgeführt (Endnote 12), bezeichnet Rothbard die Arbeit, respektive deren Unannehmlichkeit, an einer Stelle als Axiom beziehungsweise Postulat. Bei anderer Gelegenheit ist das „weniger wichtige“ „subsidiäre Postulat“ der Muße als Konsumgut, das „eigentlich empirisch“ sei, dann schon „eigentlich“ nicht mehr „nötig“. In der „Nationalökonomie“ von 1940 dagegen lehnt von Mises den apriorischen und damit axiomatischen Charakter des Satzes vom Arbeitsleid ab, indem er feststellt, dass die praxeologische Erfahrung, hier eben die des Arbeitsleides, immer die apriorische Theorie des Handelns voraussetzt und nicht umgekehrt.

Das zweite Axiom der anschauenden Auffassung: Die Diversität der Ressourcen

Die in der Natur des eigenen Körpers und der Umwelt vorgefundenen Ressourcen sind knapp und ungleichmäßig verteilt. Alle als solche bekannten und zugänglichen Ressourcen der äußeren Welt sind bereits Eigentum der Erstnutzer und ihrer

Rechtsnachfolger. Neue können geschaffen werden, indem ein Zugang zu bisher nicht Zugänglichem geschaffen wird oder wenn bisher nicht genutzte Eigenschaften nutzbar gemacht werden, sei es von frei verfügbaren Sachen oder solchen, die vertraglich in das Eigentum übergegangen sind.

Der epistemologische Status des Ist-Satzes als Axiom gründet sich darauf, dass er einerseits keine banale Definitionsgleichung ist, andererseits alle sechs oben genannten Anforderungen erfüllt, nämlich (4) nicht deduzierbar aus Bekanntem ist, sondern stattdessen ein (2) primäres Phänomen, nämlich die Entdeckung der Welt als Lebensraum in (3, 1) apriorisch-reflektiv-selbstevidenter Weise (5) universell gültig beschreibt, wobei der Versuch der logischen Widerlegung sofort in den (6) Selbstwiderspruch der besseren und also ungleich verteilten Einsicht geraten würde.

Die dritte Deduktion: Das Eigentum

Durch gezielte Veränderung von in der Natur vorgefundenen Ressourcen werden diese zum Eigentum des Arbeitenden; Eigentum bedeutet exklusive Kontrolle über Gebrauch, Veränderung und Aufgabe.

Besitz äußerer Ressourcen ist die notwendige Voraussetzung für menschliche, tierische und pflanzliche Tätigkeit; zum Leben gehört zwangsläufig ein stofflicher Austausch des lebenden Organismus mit seiner physischen Umwelt. Insbesondere meint der Begriff des Besitzes spezifisch die Verbindung von Mensch und Sache in der Richtung vom Menschen zur Sache, die etwa in der Feststellung zum Ausdruck kommt: „Ich nehme dies." Allgemein gesprochen ist zeitlich-örtliche Gegenwart materieller oder immaterieller Entitäten notwendig für die kausale Interaktion in der organischen und anorganischen Welt. In scharfem Gegensatz dazu bezieht sich der Begriff des Eigentums auf ein rationales Konzept, nämlich das der originalen Aneignung von zuvor nicht angeeigneten Gütern. Dies ist kein einseitiger Willensakt; vielmehr zeigen nur die Spuren oder Merkmale oder Eigenschaften, die das Gut als Konsequenz des Aneignungsaktes trägt, an, dass es tatsächlich im Eigentum steht. In dieser Weise bedeutet Eigentum den Nexus von Mensch und Ding in der Richtung Ding zum Menschen: „Dies Buch trägt meine Unterschrift.“ Sofern diese Verbindung abstrakter Natur ist, also etwa die Signatur des Buches statt dessen Eingesperrtsein in meiner verschlossenen Bibliothek, ist diese Verbindung rein rationaler statt faktischer Natur. Es ist damit klar, dass nur rationale Wesen Eigentum bilden und binden können.

Nun könnte man zwischen Eigentum und dem Recht am Eigentum differenzieren. Diese Unterscheidung bezieht sich üblicherweise auf den gesellschaftlichen Aspekt des Rechts,[64] der hier negiert wird. Ein Recht wird verstanden als rationale Affirmation des Eigentumsverhältnisses, welches seinerseits ein rationales Konzept ist. Eine rationale Bekräftigung eines rationalen Prinzips erscheint unnötig bis zirkulär. Dennoch wird der separate Terminus des Rechts zusätzlich zu dem des Eigentums hier mit aufgenommen, um konventionelle Missverständnisse zu verhindern.

Die normative Qualität des Eigentums als des exklusiven Rechts einer Person, ein Gut zu kontrollieren, das heißt nach freiem Willen zu nutzen, zu ändern oder es aufzugeben, wird von Hoppe demonstriert:[65] Einer Person Eigentum zuzugestehen aufgrund des Aktes der originalen Aneignung und des Titel-Transfers ist die einzige Regel, die den konfliktfreien Umgang rationaler Menschen mit knappen Mitteln ermöglicht.

Daher ist also Eigentum eine Voraussetzung zu konfliktfreiem Handeln rationaler Menschen, die mit dem gleichen Rang ihres Rechtes zu werten begabt sind in einer Welt ungleich verteilter Ressourcen, innerer wie äußerer. Damit kann festgehalten werden, dass die Verknüpfung der zwei oben formulierten Axiome der Anschauung, dem der Handlung und dem der Diversität, mit dem weiter unten darzustellenden Anschauungs-Axiom des menschliches Ranges das Konzept des Eigentums impliziert; also ist der komplexe Begriff des Eigentums eine genuine Deduktion aus dem Handlungsaxiom, dem Diversitätsaxiom und dem Axiom des menschlichen Ranges, indem diese unter Verwendung einiger Definitionen auf die Situation angewandt werden, in der sich der handelnde Mensch notwendigerweise befindet.

Der Status des Eigentums als Deduktion konnte nicht auf das Handlungsaxiom allein gegründet werden, ebensowenig unter zusätzlicher Heranziehung des Diversitätsaxioms. Den unter konkurrierenden Nutzern knapper Ressourcen interpersonal autonom gleichen Rang des Rechts zu werten, wie er weiter unten im dritten Axiom formuliert wird, ist ein logisch notwendiges Element, das hindert, dass ein später kommender erfolgreich ein höheres Recht gegenüber dem ersten Aneigner reklamiert.

Entgegenstehende Eigentumsansprüche müssen durch objektive Spuren von Arbeit des Anspruchstellers oder durch ein per Vertrag auf ihn übertragenes gültiges Recht nachgewiesen werden. Die Kategorie des Eigentums ist nicht sinnvoll anwendbar bei zwangsweise und künstlich knapp gehaltenen, eigentlich nicht-knappen Gütern und damit speziell als geistiges Eigentum obsolet.[66]

Die vierte Deduktion: Der Tausch

Menschliche Gesellschaft entsteht durch Tausch von Rechten durch Vertrag. Im Gegensatz zum Herrschaftsverhältnis respektiert das Vertragsverhältnis das Recht, also das Eigentumsverhältnis zwischen dem Individuum und seinem rechtmäßigen Besitz als Ergebnis von Selbsteigentum, wobei dieser Besitz wiederum Ausfluss der den Menschen von anderen Tieren abgrenzenden rationalen Wahlhandlung ist.

Die fünfte Deduktion: Das Unrecht

Invasion in fremdes Eigentum durch Aneignung oder unvereinbarten Eingriff ist Unrecht und begründet den Anspruch auf Wiedergutmachung. Ein Eigentumsverhältnis erlischt nicht durch fremde Inbesitznahme, ebenso wenig wie ein einseitig gebrochener Vertrag durch den Vertragsbruch annulliert wird.

Indem sie keine fremden Rechte verletzt, ist die gewaltsame Wiederaneignung von Entwendetem respektive die Wiederherstellung vertraglicher Rechte eine Freiheit[67] für den Geschädigten und seine Erben.

Die sechste Deduktion: Die Sanktion

Sanktion gegen Vertragsbruch besteht im verminderten Wert der Leistungsangebote des Vertragsbrüchigen. Das Risiko des Vertragsbruchs wird von allen potentiellen Vertragspartnern gemäß zugänglicher Vorinformation in den Wert einkalkuliert, sodass ein Leistungsverweigerer seine vorteilhaften Tauschgelegenheiten drastisch reduziert finden wird. Dies ist eine faktisch-nüchterne Feststellung als Ausfluss alternativloser normativer Ethik. Strafe, die über die Wiederherstellung verletzten Rechts hinausgeht, hat dagegen den Charakter von Aggression, auch wenn sie durch breiteste Konvention gedeckt ist.

Die siebte Deduktion: Die Versicherung

Versicherung gegen Schäden durch Vertragsbruch, Unrecht und Risiko kann vertraglich vereinbart werden.

Durch Zusammenschluss und Beauftragen von Agenten kann versucht werden, die Wiedereinsetzung in verletzte Rechte sowie die Begrenzung von Schäden zu optimieren. Im Vertragsverhältnis hat ein Anbieter einer bezüglich Ausfall und Haftung versicherten Leistung bessere Tauschgelegenheiten als ein nicht versicherter Anbieter.

Im Versicherungsfall verläuft die Restitution und Schadensbegrenzung primär von der Versicherung zum Geschädigten. Im Fall von Fremdverschulden, also bei Vertragsbruch und Unrecht, verläuft die sekundäre Restitution, gegebenenfalls unter Anwendung von Zwangsmitteln, also unter Gebrauch der Freiheit, vom Schädiger an die Versicherung. Die prinzipiell überlegene Produktivität der Versicherungslösung im Sektor Sicherheit und den systematisch zivilisierenden Effekt hat Hoppe besonders herausgearbeitet.[68]

Die achte Deduktion: Der Preis der Versicherung

Der Preis der Versicherung reflektiert das eigene Vertragsverhalten. Das macht Vertragstreue in jeder Situation zum Eigeninteresse und ist, auf das materielle Eigeninteresse heruntergebrochen, der Kern der zivilisierenden Kraft der privaten Sicherheitsproduktion.

Die neunte Deduktion: Der Rechtsweg

Der Rechtsweg in Vertragsfragen kann frei vereinbart werden. An Rechtssicherheit interessierte Parteien sind sämtliche Inhaber von Rechten, sei es an sich selbst, an Angeeignetem, Getauschtem oder an vertraglich definierten Leistungen. Gegenüber Vertragspartnern, insbesondere gegenüber Versicherern für Schadensrisiken, Ausfall, Unrecht und Haftung, besteht daher das Interesse, sich vor Eintritt eines Schadensfalls auf einen Schiedsrichter zu einigen. Konkurrierende Schiedsrichter können ihre Dienste anbieten, jeweils in voller Koalitionsfreiheit in der Breite, also räumlich und fachlich, sowie in der Tiefe, also im Revisionsfall.

Die siebte Definition: Der Wert

Das Maß an Einschränkung von Freiheiten und Rechten, das der Einzelne bereit ist hinzunehmen, um Eigentum an einer Sache zu erwerben, heißt „Wert". Es gibt keinen Wert an sich. Wert existiert nur in der real getätigten Wahl eines Wählenden, zum Beispiel Käufers, der die gewählte, zum Beispiel gekaufte, Sache höher bewertet als die hergegebene. Diese Bewertung ist Ausdruck einer jeweils individuellen und jederzeit variablen Werteskala, auf der der Wert gleicher Einheiten der gleichen Sache jeweils unter anderem abhängt von der Menge bereits oder noch vorhandener Einheiten der Sache sowie vom Vorhandensein von variablen Mengen anderer Sachen.[69]

Die achte Definition: Die Sachen

Materielle Gegenstände, Dienstleistungen oder ideelle Entitäten heißen „Sachen“. Sie treten rein oder gemischt auf und unterliegen sämtlich der Einordnung in die jeweiligen Wertehierarchien gemäß ihrer relativen Knappheit in Bezug auf verfolgte Ziele.[70]

Die neunte Definition: Die materiellen Gegenstände

Frei verfügbare Gegebenheiten wie Licht und Luft oder knappe Ressourcen wie Waren und Lebenszeit heißen „materielle Gegenstände“. Alles, was als Mittel eingesetzt werden soll, um Zwecke zu erreichen, ist knapp und unterliegt daher der Abwägung, in welchem Maß es zum Erreichen welchen Zwecks eingesetzt werden soll. Dies begründet seinen Charakter als ökonomisches Gut. In dem Maß, in dem sie jederzeit und in beliebiger Menge am jeweiligen Ort verfügbar sind, zählen etwa Luft, Licht, Wasser, Land zu den allgemeinen Daseinsumständen, die bei veränderten Verhältnissen, nämlich bei eintretender Knappheit, zu einem ökonomischen Gut werden.

Die zehnte Definition: Die ideellen Entitäten

Geistige Zustände im eigenen Kopf oder in fremden Köpfen heißen „ideelle Entitäten“. Die Tatsache, dass wir in der intrapersonalen Wertehierarchie ideelle Entitäten stets gegen materielle Gegenstände und Dienstleistungen abwägen müssen, bedeutet, dass diese sehr wohl in den Bereich der Ökonomie gehören und ein nur materiell oder gar nur monetär interpretiertes Konzept des „homo oeconomicus“[71] wohl absichtsvoll zu kurz greift.

Ein Eigentumsverhältnis gegenüber einer ideellen Entität, also ein Recht an ihr, ist gegenüber dem geistigen Zustand im fremden Kopf nicht denkbar, da dessen freier Wille unveräußerlich ist. Jeder Begriff von Ehre erhebt aber genau diesen Anspruch auf das Eigentum an fremden Köpfen. Da der illegitim ist, kann er nur mit Gewalt oder deren Androhung im Rahmen einer Konvention durchgesetzt werden.

Die zehnte Deduktion: Die Arbeitsteilung

Arbeitsteilung erhöht die Produktivität und damit die Summe des Wohlstands aller Beteiligten und jedes Beteiligten. Die Erfahrung lehrt, dass höhere Produktivität durch Arbeitsteilung entsteht, weil die Ungleichheit der menschlichen und außermenschlich-natürlichen Ressourcen besteht und alle Teilnehmer, auch der schwächste, durch Arbeitsteilung ihre jeweiligen Ziele besser verwirklichen können als in Autarkie. Dies ist die Ursache, warum der Mensch als soziales Wesen erfolgreich ist, nicht seine Hingabe an einen mythischen Moloch namens Gesellschaft.[72]

Die elfte Deduktion: Das Geld als Medium des Tauschs

Als Medium des Tauschs kommt jede Ware in Frage, auf die sich die Vertragsparteien einigen. Nur eine als solche wertgeschätzte Ware, die also einen nicht-monetären Wert hat, eignet sich als universelles Tauschmedium, da sie nicht beliebig vermehrbar ist. Sekundär wünschenswerte Eigenschaften einer Geldware sind Beständigkeit, Teilbarkeit, Transportierbarkeit. Die erste umfassende Geldtheorie findet sich bei Ludwig von Mises' „Theorie des Geldes und der Umlaufsmittel".

Die elfte Definition: Die Unveräußerlichkeit

Die oben deduzierten Verfügungsbedingungen des Menschen gegenüber dem eigenen Selbst sowie gegenüber der Fähigkeit zur freien Wahlhandlung, und also gegenüber dem freien Willen, heißen „Unveräußerlichkeit".[73]

Die zwölfte Deduktion: Das Wertrecht

Wenn unsere Lebenszeit und unsere Gesundheit unbegrenzt wären, gäbe es weder die Notwendigkeit, zwischen Zielen zu wählen, noch die, Mittel zu rationieren. Denn, wie langsam auch immer, irgendwann sind alle Mittel erworben, jedes Ziel zu verwirklichen, auch die gegensätzlichsten. Da nicht zwei Körper zugleich am gleichen Ort sein können, gäbe es nur die Einschränkungen der Zeit und des Ortes.

In dieser Situation gäbe es auch wenig, wenn überhaupt einen Grund zu werten. Die permanenten Wertungen hingegen, die wir unter den Bedingungen der Knappheit von Lebenszeit und Gesundheit ständig zu üben gezwungen sind, beziehen sich letztlich genau auf diese primordiale Knappheit des Selbsteigentums. Wir können nicht warten, bis sich eine Mitfahrgelegenheit zu Glück und Weisheit ergibt, sondern müssen unsere begrenzten Mittel jetzt in die Hand nehmen, um das eine oder andere zu erreichen: Wir müssen handeln. Die Quelle, das tertium comparationis all unserer Wertungen, ist das, was Hoppe die „Körperzeit" genannt hat.[74] Daran richten wir unsere jeweils eigenen Wertungen aus, die sich in Wahlhandlungen manifestieren. Die Wertungen als ideelle Entitäten sind unser Eigentum, das heißt, wir haben ein Recht an unseren Wertungen, sagen wir: als Selbsteigentümer haben wir das Wertrecht.

Das dritte Axiom:
Die Gleichrangigkeit der Gleichberechtigten

Dem gleichen Wertrecht unveräußerlichen Selbsteigentums kommt interpersonale Gleichrangigkeit zu.

Eine einheitliche Bedrohung kann das Selbsteigentum mehrerer Wertrechts-Träger betreffen. Als plakative Beispiele seien genannt ein aktueller Angriff eines Staates oder einer staatsbildenden Herrschaftsmacht auf eine staatsfreie Gesellschaft, ein Flächenbrand, eine Bedrohung mit großflächig wirksamen (ABC-) Waffen oder auch eine Geiselsituation etwa im Flugzeug. Maßnahmen gegen derartige kollektiv wirksame Gefahren können in ihrer Wirkung wiederum kollektiv sein, auch wenn sie je nach Situation individuell planbar und durchführbar sein sollten. Wir nennen sie hier „unteilbare Maßnahmen". Über Wirksamkeit und Unwirksamkeit verschiedener in Frage kommender unteilbarer Maßnahmen der Prävention, der Abschreckung, der Gefahrenabwehr und der Schadensbegrenzung können die real oder putativ in ihrem Selbsteigentum Bedrohten unterschiedlich urteilen. Dies löst zunächst keinen ethischen Konflikt aus, da die Verantwortung für eine Verletzung des Selbsteigentums stets beim Aggressor bleibt, nicht beim mehr oder weniger ungeschickten Verteidiger.

Kollektiv Bedrohte können aber auch dissentieren, was die Einschätzung des immanenten Gefahrenpotentials der diskutierten, individuell oder kollektiv durchzuführenden unteilbaren Abwehr-, Abschreckungs- und Verteidigungsmaßnahmen für ihr jeweiliges Selbsteigentum angeht. Sofern tatsächlich weder die vom Angriff noch die von der Verteidigung ausgehende Gefahr für Leben und Gesundheit personal bestimmt zuzuordnen ist, ergibt sich hier eine prinzipiell andersartige Konfliktsituation, die mit den Axiomen der menschlichen Wahlhandlung und der Diversität und den Deduktionen daraus nicht hinreichend beschreibbar ist: Für eine Tat des Angreifers bleibt der Aggressor verantwortlich, auch wenn ein Abwehrversuch ihn in der Einschätzung eines Besänftigungs-Taktikers gereizt haben mag. Die von einer Verteidigungsmaßnahme selbst aber ausgehende kollektive Gefahr wird nur von denen gerechtfertigt, die sie niedriger einschätzen als die vom primären Angriff ausgehende Gefahr. Der neuartige Konflikt entsteht erst da, wo Dissentierende gefährdet oder geschädigt werden, die lieber die Gefahr der primären Bedrohung akzeptiert hätten oder auch eine andere, alternative aber nicht gleichzeitig mögliche Abwehr gewählt hätten.

Da auch eine Nicht-Handlung eine Handlung bedeutet, ist dann eine Handlung gegen die berechtigte Wertung von Selbsteigentümern und damit eine Verletzung von Selbsteigentum unvermeidlich. Gleichzeitig ist die Delegation einer solchen Entscheidung an eine wie immer legitimierte Institution nicht möglich, da das Selbsteigentum und damit der freie Wille unveräußerlich sind.

Diese offensichtliche Dilemma-Situation wirft die Frage der interpersonalen Wertigkeit von konkurrierenden Rechten auf. Da interpersonale Tauschbarkeit nicht gegeben ist, kann eine Gleichwertigkeit des Selbsteigentums als Wert-Bezugspunkt aller Wertrechts-Träger nicht deduziert, sondern nur als eigenständig angenommen werden. Eine solche Annahme liegt nicht nur intuitiv, sondern auch reflektiv nahe, weil sonst die Forderung an jede ethische Maxime, für alle gleichermaßen zu gelten, also universalisierbar zu sein, offensichtlich keinen Sinn hätte. Denn diese Forderung der Universalisierbarkeit beschreibt ja gerade eben die prinzipiell gleiche Stellung aller Menschen gegenüber der conditio humana, die, wie immer man sie fasst, von einem gleichen Lebensrecht ausgeht, das heißt von einem gleichen Eigentumsverhältnis zum eigenen Körper, und damit von der Gleichwertigkeit des Selbsteigentums, ansonsten sie eine conditio domini servique wäre, was offensichtlich als moralisches eher denn als ethisches Konzept verstanden werden kann.

Um dem beschriebenen Umstand Rechnung zu tragen, dass mangels Tauschbarkeit der Begriff vom Wert, wie er in der siebten Definition bestimmt wurde, hier nicht anwendbar ist, soll stattdessen vom „Gewicht", von der „Gültigkeit", oder vorzugsweise vom interpersonal gleichen „Rang" der Gleichberechtigten die Rede sein.

Der daher so lautende Satz von der eigenständigen Gleichrangigkeit des interpersonal gleichen Wertrechts ist also (1) intellektuell selbstevident, (2) grundlegend für die anschauende Auffassung, (5) universalisierbar und (3) apriori historischer Erfahrung gültig, ferner (4) nicht deduzierbar. Das letzte für den Status eines Axioms zu erfüllende Kriterium ist der (6) Selbstwiderspruch, in den sich seine Antithese zwangsläufig verstricken müsste.[75]

Diese Antithese muss rechtfertigen, warum die Werteskala des einen Wertrechtsträgers höherrangig sei und damit Anspruch habe, vom anderen nicht-konsentierenden Wertrechtsträger übernommen zu werden. Sie könnte dies erstens und insbesondere tun, indem sie die Eigenständigkeit der Gleichrangigkeit angreift. Dazu müsste sie das Primat der Gesellschaft gegenüber dem Individuum begründen – und sich damit in den vorher skizzierten Selbstwiderspruch dessen verlieren, der mit seinem ihm nicht exklusiv gehörenden Stimmband das Selbsteigentum bestreiten will.

Ein zweiter Ansatzpunkt, die Gleichrangigkeit des Wertrechts zu bestreiten, ist die Behauptung einer besseren Tauglichkeit der eigenen Wertskala in objektivierbarer Weise, zum Beispiel durch Mehrheit, akademischen Grad, theoretische Stringenz oder historische Erfahrung einschließlich des eigenen ökonomischen Erfolgs. Damit begäbe sich der so Argumentierende seiner eigenen Werteskala, da er eine darüber stehende objektive Werteskala behauptete, die jede andere, und damit auch die seine, außer Kraft setzte. Er könnte nicht mehr als „Ich“, das heißt als Handelnder, argumentieren, sondern müsste ideelle Entitäten jenseits der Kantschen Kluft zwischen Sein und Bewusstsein bemühen, die damit auch noch außerhalb der von Misesschen Kategorie des Handelns stehen. Der Selbstwiderspruch scheint hier die Form anzunehmen: Ich weiß, dass ich nichts weiß, das aber ganz bestimmt.

Ob dies die richtigen Antithesen sind und ob die zweite tatsächlich selbstwidersprüchlich ist, muss weiteren Überlegungen vorbehalten bleiben – sodass hier der Axiomcharakter des Satzes von der Gleichrangigkeit der Wertrechte nur vorläufig angenommen werden kann.

Die 13. Deduktion: Die Exit-Option

Der von einer unvermeidlichen unteilbaren fremden Handlung in seinem Selbsteigentum betroffene dissentierende Wertrechtsträger hat die Exit-Option.

Dies ist die einzige Lösung in einem solchen unausweichlichen und territorial begrenzten Konfliktfall, bei der eine Verletzung von Selbsteigentum vermieden werden kann. Die Opportunitätskosten der Sezession sind ein Faktor, den der dissentierende Exilant gegen die Abschätzung der Selbsteigentums-Bedrohung in Anschlag bringen muss. Dass derjenige, der die Exit-Option wahrnimmt, dabei eine eventuell drastische Minderung des Marktwerts zurückgelassener Immobilien erleidet, ist hingegen nicht zu beanstanden, denn dies ist kein Eingriff in seine Rechte, also sein veräußerliches Eigentum, sondern lediglich der normale Vorgang, dass der Tauschwert eines Eigentums jederzeit von der Wertehierarchie von anderen abhängt.

Eine generell vielleicht nicht befriedigend zu lösende Frage in verschiedenen solchen hypothetischen Situationen ist allerdings, wer das Territorium der behaupteten Gefahr verlassen muss, gegebenenfalls auch auf Dauer. Ohne hier alle möglichen Fälle durchzuspielen, kann wenigstens klar gesagt werden, dass dies neben der Einschätzung der Gefahrenlage vor allem von den differenzierten materiellen Möglichkeiten der Abwehr abhängt. Mangels interpersonaler Vergleichsmöglichkeit ist jedenfalls ein am größten Glück der größten Zahl orientierter Versuch der Zuschreibung abwegig.

Ein viel größeres Problem dürften Situationen darstellen, in denen eine territoriale Begrenzung nicht ausreichend plausibel ist und also die Exit-Option nicht zur Verfügung steht. Auch wenn das Leben schon immer eine höchst unsichere Veranstaltung war und auch Natur das Leben auf jeder Ebene bedroht, kann doch nicht übersehen werden, dass menschliches Handeln, das im Gegensatz zur Varianz natürlicher Gegebenheiten eine ethische Kategorie bedeutet, mit fortschreitender Technik eine fortschreitende und globale Reichweite bekommt. Es sieht so aus, als stoße hier auch das Theoriegebäude der Österreichischen Schule an eine Grenze, jenseits derer theoriefreie Faktizität, etwa die der Lüge und der Macht, noch ungebremster herrscht als diesseits jener Grenze.

Der Ausblick

Mit den bis hier beschriebenen Sätzen scheint mir der Umfang rationaler Ethik abgesteckt. Alle relevanten interpersonalen gewaltfreien Aktionen sind kategorial erfasst und beschrieben, einschließlich der zuletzt im dritten Axiom und der folgenden Deduktion behandelten Konfliktsituation bezüglich des unveräußerlichen Eigentums. Die logisch danach folgenden, hier nicht dargestellten Deduktionen und Definitionen bilden die Substanz des spezifischen Faches Ökonomie, zum Beispiel Grenzwert und Grenzkosten, Zeitpräferenz, Zins, Geldtheorie, Zyklustheorie und so weiter.[76] So gesehen wäre die hier beschriebene logische Struktur inhaltlich als rationale Ethik anzusprechen und bildet gleichzeitig die Grundlage der ökonomischen Wissenschaft. Welche Auswirkungen die Ökonomie durch die Erweiterung des Axiomengebäudes erfährt, bleibt zu klären; obwohl sich Ökonomie mit veräußerlichem und das gleichrangige Wertrecht der Selbsteigentümer sich mit unveräußerlichem Eigentum befasst, sind ökonomische Implikationen aus einem situativ untrennbaren Betroffensein beider Eigentumssphären zu erwarten.

Was ist gewonnen? Außerhalb der Österreichischen Schule hat das mehr oder weniger vorbewusste Motiv, die gefühlte „Gleichheit" zu verteidigen, zu abenteuerlichsten Verrenkungen im Denken geführt. Zu den etablierten Verhaltensschemata in der höheren Tierwelt gehört das Erkennen der eigenen Art. Der Versuch, diese biologisch gegebene Gleichheit auch philosophisch abzubilden, hat offenbar zu leichtfertigen Gleichsetzungen geführt, die ihrerseits in Konflikt gerieten mit empirischen Daten. Damit konnten, statt einer universellen Ethik, nur selbstwidersprüchliche moralische Wertsysteme formuliert werden. Versuchen, die faktische Ungleichheit durch eine dahinterstehende „eigentliche" Gleichheit wegzudiskutieren, fehlt oft nicht der „gute Wille", nämlich die Anerkennung der „Würde" auch des in dieser oder jener Hinsicht weniger begabten oder wenig angepassten Menschen, es fehlt diesen Nivellierungs- und Aufrechnungsversuchen aber auch nicht die lächerliche weil unwahrhaftige Bemühtheit.

Andererseits hat sich die Österreichische Analyse von Gleichheit und Ungleichheit nicht auf das unveräußerliche Selbsteigentum konzentriert; es wurde ihm offenbar wenig Aufmerksamkeit gewidmet, wodurch die Österreichische Schule die Chance vergeben haben mag, von Anhängern der Gleichheitsidee wahrgenommen zu werden.

Die obigen Ausführungen schlagen vor, den Begriff der „Gleichheit" in Bezug auf „den Menschen" aufzugeben. Stattdessen glauben sie, im Begriff der eigenständigen Gleichrangigkeit der selbsteigentümlichen Wertrechtsträger die conditio humana, also die Würde des Menschen richtig, stringent und widerspruchsfrei abgebildet zu finden.

An die Stelle der behaupteten „Gleichheit" tritt die logisch und sachlich treffende Bestimmung der Gleichrangigkeit unter Menschen, oder, um einen noch prägnanteren Ausdruck zu haben: der menschliche Rang. Er kann das Würdebedürfnis auch derer befriedigen, die in Verteidigung der Menschenwürde meinten, die „Gleichheit" postulieren zu müssen. In guter Entsprechung tritt an die Stelle der „Freiheit", die hier zu einem bloßen Definitionsbegriff geschrumpft ist, die logisch und sachlich treffende Bestimmung des exklusiven und unumschränkten Selbsteigentums.[77] Sie kann das Individuierungsbedürfnis auch derer befriedigen, die in Verteidigung des Individuums meinten, den Freiheitsbegriff als Zentralbegriff überladen und überlasten zu müssen.

Teil 2: Gesellschaft Logik und Verfassung der Privatrechts-gesellschaft

2.1 Der Mensch im Staat: Ein Elendsbericht

„Auf der Erde ist nichts Grösseres als ich: der ordnende Finger bin ich Gottes“ – also brüllt das Unthier. Und nicht nur Langgeohrte und Kurzgeäugte sinken auf die Kniee![78]

1. Gemeinschaft

Gemeinschaft ist hierarchisch strukturiert und konservativ

Gemeinschaft besteht zwischen Angehörigen einer persönlich überschaubaren Gruppe, die Rede ist von bis zu 200 Mitgliedern, bei bestimmten Affenhorden können es auch bis zu 800 sein.[79] Dabei sind die Mitglieder einer solchen Gemeinschaft in mindestens einem Merkmal weitgehend homogen, zum Beispiel bezüglich Ethnie, Stamm, Interessen, Berufsfeld, Weltanschauung, religiöser Bindung oder sexueller Orientierung. Die urwüchsige Gemeinschaft war die typische und dominante soziale Struktur in der Zeit der Jäger und Sammler, also der nicht produzierenden Nutzer natürlicher Ressourcen. Die einzelnen Gruppen bestanden aus wenigen Dutzend Mitgliedern, genetisch immer wieder aufgefrischt durch geraubte Frauen aus besiegten Nachbarstämmen. Nach innen herrscht eine Art „Urkommunismus“: Jeder nach seinen Fähigkeiten, jedem nach seinen Bedürfnissen. Es versteht sich aber, dass dieser Zustand ganz fälschlich zum Egalitarismus romantisiert und idealisiert worden ist. Zum Beispiel lebte Tahiti, als es 1767 von Europäern wiederentdeckt wurde – 1.000 bis 2.000 Jahre nach seiner ursprünglichen austronesischen Besiedlung – in einem paradiesischen steinzeitlichen Zustand, den die klimatisch begünstigten Gemeinschaften allerdings nur aufrechterhalten konnten durch brutalste Bevölkerungs-Begrenzung: Nur wer Kindsmorde und häufige blutigste Kriege überlebte, genoss Südsee-paradiesische Zustände.

Durch Stärke, Können, Alter, Charakter, Charisma und dergleichen bilden sich dabei weitgehend stabile Hierarchien und Autoritäten aus. Erblich determinierte Faktoren wie insbesondere körperliche Stärke, Gesundheit und Intelligenz geben dabei die Basis ab für die Selektion von Eliten. Aufgrund der beschränkten Anzahl der Gemeinschaftsmitglieder sind jedoch die Möglichkeiten der Arbeitsteilung weitgehend auf die geschlechtlich determinierten Eignungen der Frauen zum Sammeln und der Männer zum Jagen begrenzt. Bei weitgehend stabiler Harmonie über Ressourcenverwendung und weitgehender Homogenität respektive hierarchischer Stabilität der Gemeinschaft gibt es im wesentlichen keine Konflikte über alternative Verwendung knapper Güter. Man darf sich, zumindest zunächst, diese Gemeinschaften insofern als recht angenehm vorstellen, als die Befriedigung der Subsistenzbedürfnisse mit wenigen Stunden der jagenden und sammelnden Tätigkeit möglich war und viel Gelegenheit zur Muße bestand. Der Populationsdruck konnte aber zur Übernutzung der naturgegebenen Ressourcen und damit zur radikalen Verarmung führen. Die Verschlechterung der Lebensbedingungen konnte alternativ zunächst durch Sezession von Untergruppen und Besiedlung neuer Gebiete gelöst werden, bis innerhalb von 15 Jahrtausenden die gesamte nutzbare Erdoberfläche besiedelt war. Spätestens jetzt herrschte an den Grenzen der Stammesgebiete permanenter Kriegszustand zwischen benachbarten fremden Gemeinschaften im Kampf um knappe Ressourcen, der mit äußerster Härte, möglichster List und ohne Gefangene blutig ausgetragen wurde. Aus dieser Zeit des Krieges nicht aller gegen alle, sondern aller Gemeinschaften gegen alle anderen benachbarten Gemeinschaften stammt unser heute wieder romantisierter Grenzgang der politischen Gemeinden, stammt überhaupt das Wir-Gefühl. Die Erfolglosigkeit und Konfliktträchtigkeit der versuchten Übertragung dieses urkommunistischen Wir auf größere Einheiten wie Nation, Arbeiterklasse, Abendland oder westliche Wertegemeinschaft überrascht wenig, wenn man den geschichtlichen Ursprung aus der persönlich überschaubaren Gruppe mit rigider sozialer Kontrolle bedenkt.

Ganz am Rande sei hier auf die neben Sprache und Werkzeugnutzung allererste und weitestreichende kulturtechnische Innovation hingewiesen, nämlich die Domestizierung von Wölfen zu bellenden Hunden, die vor allem als Wächter unschätzbare Dienste leisteten und durch ihre ausgeprägte Bindung nicht zu Gruppen und nicht zu Orten, sondern zu einzelnen Menschen der erste Prototyp des persönlichen Eigentums wurden.

Beim Übergang zu Sesshaftigkeit und Agrikultur und gar zum Handwerk kommt es zum Überschreiten der persönlich überschaubaren Größe der Gemeinschaft; statt dass natürliche Ressourcen aufgesucht und direkt genutzt werden, wobei Fremde nur als Konkurrenten wahrgenommen werden können, kommt es nun zu aktiver Produktion von spezialisierten Gütern und damit zu Arbeitsteilung und zu Tauschbeziehungen unter Fremden. Mit dem Handel unter Bekannten und mit Fremden, oft schon über spezialisierte Mittelsmänner, eben die Händler, entsteht erst das, was wir „Gesellschaft“ und „Zivilisation“ nennen: Ungeachtet ihrer persönlichen Fremdheit stehen Menschen prinzipiell mit allen anderen Menschen in konsensfähiger und konsenssuchender statt in konfliktträchtiger Beziehung. „Gesellschaften beruhen auf dem Tausch, Gemeinschaften auf dem Opfer“, sagt der Althistoriker Egon Flaig.[80] Auch wenn die Vorteile der Arbeitsteilung gegenüber der autarken Subsistenz keineswegs unabhängig von der relativen Leistungsstärke der Marktteilnehmer sind, sodass die Besten am meisten profitieren, ist doch viel entscheidender, dass gerade die Schwächsten erst durch die Arbeitsteilung überhaupt eine Lebens- und Aufstiegschance erhalten.[81] Die allseitigen Produktivitätsvorteile der Arbeitsteilung werden erkannt, sodass das Interesse an Koordination von Handlungen über Zuordnung von Eigentumsrechten an knappen Ressourcen den asozialen primären Trieb zur Aneignung begehrter Güter überwiegt, selbst auch gegenüber Fremden. Wer in der Jäger- und Sammlergesellschaft als zur Jagd unbrauchbar aussortiert worden wäre, konnte in der agrarischen Gesellschaft immer noch einfache Hilfsarbeiten verrichten oder auch sich in einem neuen Bereich besonders qualifizieren, indem er sich zum Beispiel als besonders guter Hirte eignete.

2. Gesellschaft

Gesellschaft ist unstrukturiert mit spontanen Tauschbeziehungen unter Fremden über Dritte in wechselnden Koalitionen

Privateigentum bedeutet exklusives Verfügungsrecht über eine Sache. Ein Tausch einer Sache gegen eine andere, die im Privateigentum einer anderen Person steht, findet nur statt, wenn er für beide Tauschpartner vorteilhaft gemäß ihrer jeweiligen aktuellen Werteskala ist. Die Aufnahme friedlicher Tauschbeziehungen mit Fremden erhöht den Grad möglicher Arbeitsteilung und die zunehmende Spezialisierung. Kooperation und Spezialisierung führen zu höherer Produktivität.

Tauschabwicklung über Dritte und über ein Tauschmedium (Geld) erhöht die Produktivität weiter. Erhöhte Produktivität über das Subsistenzniveau hinaus und Geld schaffen die Möglichkeit der Gewinnakkumulation. Gewinn schafft die Möglichkeit zur Produktion von Kapitalgütern. Ein hoher Anteil von Kapitalgütern erhöht die Produktivität weiter und befördert technologische Innovationen. Durch Innovationen können Produkte billiger und/oder besser oder neuartig hergestellt werden. Durch den Gewinnanreiz der Innovation wird die Vermarktung von Erfindungen begünstigt. Die Selektion erfolgreicher und nicht erfolgreicher Innovationen wird von der Nachfrage besorgt. Die Selektion erfolgreicher Erfinder begünstigt die Entwicklung der genetischen Basis der Intelligenz,[82] zumindest so lange, bis dysgenische Effekte der Wohlfahrtsgesellschaft überwiegen.[83]

Jeder Marktteilnehmer kann seine Wünsche am besten befriedigen, wenn möglichst viele andere Marktteilnehmer mit ihm tauschen können. Die Behinderung von Tauschgelegenheiten durch natürliche und technische wie auch durch politische Umstände führt zur Verringerung des Grades der Zielerreichung jedes Marktteilnehmers. Dies gilt insbesondere für ein Schrumpfen der Marktgröße unter eine den jeweiligen Stand der

Spezialisierung gewährende kritische Masse. Jeder Zwang zu einer anderen als der gewollten Tauschbeziehung verringert den Grad der Zielerreichung jedes Marktteilnehmers.

Während Konflikte um die Nutzung knapper Ressourcen innerhalb einer Gemeinschaft aber in der Regel informell durch Autorität und Sitte gelöst werden, bildet sich im Umgang mit Fremden der Eigentumsbegriff heraus. Zuvor allenfalls genutzte, aber nicht bearbeitete Naturgegenstände sind dann mein Eigentum, wenn ich sie als erster bearbeite, etwa einen Baum, von dem vorher nomadisierende Gruppen gelegentlich gepflückt haben, und den ich nun pflege, gärtnerisch beschneide, kultiviere, pfropfe, gieße, von Unkraut befreie und dergleichen, sowie der Ableger, den ich neu ziehe und pflanze, um den Ertrag zu steigern und zu sichern, ebenso wie die Früchte und das Holz, die ich davon ernte und das ich daraus gewinne, in meinem Haus lagere und die Güter, die ich im Tausch dagegen erhalte, sofern diese ertauschten Güter vorher im unstrittigen Eigentum des Tauschpartners waren.

Dieses Eigentumsrecht, das heute nicht nur logisch aus dem Apriori der Argumentation als notwendig implizites Recht abgeleitet werden kann,[84] sondern, wie oben gezeigt, aufgrund der erweiterten axiomatischen Basis deduktiv schlüssig folgt, das aber früher nur intuitiv als gottgegebenes Naturrecht, als Ethik und als Existenzberechtigung des Gerichtswesens hoch und heilig gehalten wurde, dieses Recht muss im Konfliktfall angewandt werden, indem die Streitparteien vor einem Schlichter oder Richter ihre jeweiligen Eigentumsansprüche erklären und mit Fakten untermauern.

Bis ins feudale Mittelalter wurde die Richterfunktion von angesehenen Personen ausgeübt, deren Wort aufgrund ihrer Lebensführung, ihres Erfolgs und ihrer guten Familie mehr galt und deren Schlichterspruch gute Chancen auf langfristigen Bestand und gesellschaftliche Durchsetzung hatte. Aus solchem Ansehen entstand, und in dieser zentralen Richterfunktion bestand der Adel auf lokaler, regionaler und höherer Ebene. Entscheidend dabei ist, dass der jeweilige Richter nicht über dem Recht stand. Das Naturrecht war das alte Recht und das gute Recht, das jedem einzelnen Menschen von Gott gegebene Recht, das, wenn auch potentiell irrtumsbehaftet, gefunden werden musste. Es konnte zwar missbräuchlich gebeugt, aber nie außer Kraft gesetzt werden und durch willkürlich gesetztes Recht[85] ersetzt werden, so wenig wie der Befehl eines Königs oder der Beschluss eines Parlaments eine runde Erde flach und eine flache Erde rund machen können, wie Thomas Morus angesichts seiner Enthauptung seinem König Heinrich VIII. entgegenschleuderte. Ein nicht als gerecht akzeptierter Urteilsspruch war nie das letzte Wort, sondern konnte mitsamt seinem Richter vor einem anderen Richter angefochten werden.

Während dies, zumindest im Prinzip und mit der unnötigen und systemwidrigen Ausnahme der Knechtschaft, der Zustand der feudalen Gesellschaft war, den Hoppe als ein grobes Modell der natürlichen Ordnung einer Privatrechtsgesellschaft sieht,[86] konnte sich erst durch den erfolgreich durchgesetzten Monopolanspruch des höchsten Adligen, des gewählten Königs, das Herrschaftselement im Rechtssystem fest etablieren: Gegen das königliche Urteil gab es keine Berufung mehr, was gleichbedeutend war mit der Möglichkeit, Recht zu verändern und schließlich in immer weiteren Grenzen willkürlich zu setzen. Es war dies die Geburtsstunde des unheilvollen Zwillingspaars Staat und positives Recht. Staat in unserem Sinn, nämlich als territorialer Rechtsmonopolist, existiert erst seit wenigen hundert Jahren, seit dem ausgehenden Mittelalter und dem Sieg des absoluten Königs über die Feudalgesellschaft. Dieser Prozess der Rechtssetzung hat im Zuge der Entwicklung zur konstitutionellen Monarchie und weiter zur repräsentativen parlamentarischen Demokratie heute bis zum exzessiven rechtsförmigen Massenmorden, zum rechtsförmigen Freiheitsberauben und zur rechtsförmigen Eigentumsvernichtung im demokratischen und totalen Staat geführt.

3. Herrschaft

Herrschaft ist illegitim

Herrschaft heißt jede Handlung, die darauf abzielt, eine Handlung anderer zu erreichen, zu der eine freiwillige Zustimmung nicht vorliegt, weder eine explizite noch eine jederzeit negierbare implizite.

Was heißt legitim? Abgesehen von der verwirrenden, weil verworrenen Wortgeschichte, die das Recht unwillkürlichen Ursprungs, das erkannt, abgeleitet, interpretiert und angewendet sein will und das auch missbraucht werden kann, nicht scharf unterscheidet vom willkürlich gemachten, eben gesetzten „Recht", also dem Gesetz, das damit systematisierter Missbrauch ist: Legitim im Sinne von ethisch vertretbar, eben gerechtfertigt und damit gerecht, ist das und nur das, was (1) den Konflikt zwischen handelnden Menschen um knappe Güter gewaltlos, also rational zu lösen ermöglicht, (2) das Recht auf Leben bejaht und (3) für alle Menschen gleichermaßen gilt. Denn eine Unterteilung der Menschen in Herren und Sklaven, egal, ob nach Herkunft, Kriegsglück oder Mehrheitsbeschluss, hat sicher ihre jeweils eigene Moral, ethisch ist sie nicht. Ich wiederhole diese wichtige Trias: Legitim ist eine Forderung dann, wenn sie rational, lebenbejahend und universalisierbar ist.

Wenn man also vom ethischen Standpunkt aus Herrschaft grundsätzlich als illegitim ablehnt, ergibt sich die Frage nach den logischen und funktionalen Strukturen der herrschaftsfreien Privatrechtsgesellschaft. Statt diese zu beschreiben – was Aufgabe eines utopischen Romanciers wäre, denn es gibt sie nirgends – möchte ich hier unter Hinweis auf die begriffliche Strukturanalyse in Teil 1 zusammentragen, welche Begriffe und Urteile einer legitimen und herrschaftsfreien Gesellschaft zugrundeliegen:

- Ressourcen in Form von körperlichen und geistigen Eigenschaften der menschlichen Körper und der Außenwelt sind knapp und ungleichmäßig verteilt.

- Rationale Wahlhandlung oder Zweck-Mittel-Denken bedeutet Rationierung knapper Ressourcen zur Erreichung selbstgewählter Ziele.

- Das unveräußerliche Selbsteigentum am eigenen Körper, an der eigenen Lebenszeit, am eigenen Willen, wie oben im ersten Teil ausführlich hergeleitet.

Weitere Grundbegriffe der legitimen Gesellschaft sind:

- Das veräußerliche Exklusiv-Eigentum.

- Die primäre Aneignung unbearbeitet vorgefundener Ressourcen durch den Entdecker, den Erst-Nutzer, respektive nach Lockes erster Bedingung durch den Erst-Bearbeiter.

- Der Vertrag als Konsens über den Übergang von Eigentumsverhältnissen, das heißt die Entstehung von sekundären Rechten.

- Das Recht als rationale Bekräftigung des Eigentumsverhältnisses gegenüber seinem Körper und den Produkten der primären Aneignung und Arbeit und an den vertraglich erworbenen Dingen. Die zwingende Rationalität des Eigentumsrechts hat Hans-Hermann Hoppe aus dem Apriori der Argumentation abgeleitet, die ja nicht im luftleeren Äther stattfindet, sondern unter konkreten leibhaftigen Menschen mit menschlichen Zielen und Absichten: Auch der, der das exklusive Recht an veräußerlichen Gütern oder gar am eigenen Körper bestreitet, benötigt hierzu die Anerkenntnis seiner eigenen Autonomie durch den Gegner, also seines Selbsteigentums, und er braucht die Legitimität der Verfügung über Subsistenzmittel von der Geburt über das erfolgreiche Umgehen mit der natürlichen und künstlichen Außenwelt bis hin zum Erlernen von Kommunikation und letztlich von Argumentation. Argumentation setzt also die logische und zeitliche Priorität voraus von Aneignung und Tausch, also von Eigentum und von Selbsteigentum. Die Negation ist selbstwidersprüchlich. Die neue hier vorgestellte Argumentationslinie über die Deduktion aus den Axiomen des Handelns, der Diversität und des menschlichen Rangs trägt zu einer weiteren Stärkung des Eigentumsbegriffs bei.

Und abschließend sehe ich als Grundbegriffe einer legitimen Gesellschaft:

- Die Willkür als Verletzung des Eigentums.
- Die Freiheit als Handlungsmöglichkeit gemäß der inneren und äußeren Ressourcenknappheit in Abwesenheit von willkürlichem Zwang und ohne Verletzung fremder Rechte.

4. *Staat*

Staat ist Herrschaft

Staat bedeutet ein territoriales Monopol der Rechtsprechung. Rechtsprechung unter der Bedingung des Monopols ist aber Rechtsetzung.

Rechtsetzung bedeutet zum einen Steuerautonomie. Steuerautonomie bedeutet die im Prinzip vollständige Enteignung der gesamten wirtschaftlichen Leistung des Staatsangehörigen. Dabei bemisst sich der Anteil der nicht-enteigneten Leistung nach Opportunitätsgesichtspunkten. Er findet seine Grenze letztlich an der Verweigerungsschwelle der Mehrheit. Das Anheben der Verweigerungsschwelle ist daher eine der Kernaufgaben des staatlichen Erziehungs- und Informationswesens. – Ich erinnere hier nochmals an den idealtypischen Charakter dieser Analyse; sie beschreibt einen, und in meinen Augen den wesentlichen, nämlich den invarianten und also nicht-kontingenten Aspekt des Gegenstands und erhebt daher den Anspruch, gesellschaftliche Wirklichkeit zwar keineswegs vollumfänglich, aber wesentlich richtig, zu beschreiben.

Rechtsetzung impliziert zweitens staatliche Handlungsautonomie. Handlungsautonomie bedeutet die im Prinzip vollständige Kontrolle über die Wahl der Handlungsoptionen bezüglich des belassenen Resteigentums. Auch hier bemisst sich der Umfang der belassenen Handlungsoptionen nach Opportunitätsgesichtspunkten. Er findet sein Minimum am Gestaltungsanspruch der Mehrheit. Die Erhöhung und Lenkung des Gestaltungsanspruchs ist daher eine weitere Kernaufgabe des staatlichen Erziehungs- und Informationswesens.

Rechtsetzung bedeutet letztlich Generaleigentum an allen Staatsangehörigen. Generaleigentum bedeutet im Prinzip vollständiges Verfügungsrecht über Geburt, Leben, Gesundheit, Tod, Aufenthaltsort und Tätigkeit des Staatsangehörigen.

Typische Ausprägungen des staatlichen oder kollektiven Generaleigentums sind insbesondere:

- Die Schulpflicht. Diese entspricht im Zivilrecht der Freiheitsberaubung, dem Kidnapping, der Versklavung.

- Die Impfpflicht und die Massen-Zwangsmedikation zum Beispiel mit Fluorid oder Folsäure. Diese entspricht im Zivilrecht der Körperverletzung, als die jede ärztliche Maßnahme zu bewerten ist, die ohne wirksames Einverständnis erfolgt. Wirksam wird das Einverständnis erst nach ausführlicher Information, Aufzeigen von Alternativen und einer ausreichend langen Bedenkzeit ohne Druck.[87]

- Eine gravierende Ausprägung des staatlichen Generaleigentums an den Staatsbürgern ist die Wehrpflicht, die im Zivilrecht der Freiheitsberaubung, dem Kidnapping und der Versklavung entspricht.

- Weiter die Steuerpflicht, der im Zivilrecht der Raub entspricht.

- Und der Sozialpflicht entspricht im Zivilrecht die Aufhebung der Vertragsfreiheit.

- Wohl mit am einschneidendsten ist die harmlos daherkommende Annahmepflicht für staatliches Monopolgeld. Ihr entspricht im Zivilrecht die Aufhebung der Vertragsfreiheit und der Raub.

Das Ausmaß der tatsächlich ausgeübten Verfügung im Rahmen des staatlichen Generaleigentums bemisst sich nach Opportunitätsgesichtspunkten. Es findet seine Grenze an der Erhaltung nicht des bestehenden, sondern eben nur überhaupt eines Staatsvolks. Die bedarfsgerechte Legitimierung der Staatsverfügung ist die letzte Kernaufgabe des staatlichen Erziehungs- und Informationswesens.

Steuerautonomie, staatliche Handlungsautonomie und staatliches Generaleigentum an allen Staatsbürgern bedeuten willkürlichen Zwang. Willkürlicher Zwang aber bedeutet Verletzung des Selbsteigentums. Und jede Verletzung des Selbsteigentums ist illegitim, beruht also auf physischer Gewalt statt rationalem Gespräch, ist aggressiv-lebensfeindlich und nicht universalisierbar.

Die systematische Ausübung von willkürlichem Zwang ist aber das Wesen von Herrschaft. Zur sekundären operativen Legitimierung des primär illegitimen willkürlichen Zwangs werden und wurden verschiedene Konstruktionen[88] gebraucht; die historisch aktuelle ist die repräsentativ-demokratische mit vielfach erschlichenem Legitimationsbezug zur griechischen Antike. Hierbei wird die Trennung zwischen Herrschern und Beherrschten nicht mehr wie in der Monarchie interpersonal gesehen, sondern potentiell in jede einzelne Person verlegt: Als Staatsagent darf und muss sie gemäß „öffentlichem Recht" tun, was ihr als Bürger im „Zivilrecht" und „Strafrecht" verboten ist: Diebstahl, Raub, Erpressung, Freiheitsberaubung, Körperverletzung und Tötung. Diese allgemein moralisch als unerlaubt geltenden Tätigkeiten sind der Kern des öffentlichen Handelns.

Die in Adelsgesellschaften mit Leibeigenschaft und in der Monarchie gegebene Ungleichheit vor dem Recht wird ersetzt durch die demokratische Gleichheit vor dem Unrecht. Dieses Unrecht besteht im Kern in der Mehrheitsentscheidung über alle Aspekte der Zwangsgemeinschaft von drei Menschen. Anders als bei der Abstimmung zweier Wölfe und eines Schafes über die nächste Mahlzeit sind allerdings Koalitionswechsel möglich. Diese verschaffen den Anschein der Legitimität, weil prinzipiell auch der Beraubte Räuber sein darf.

Wenn man einen Gradienten der Illegitimität staatlicher Herrschaft aufstellen wollte, so reichte der von kleinteilig-direktdemokratischen Gebilden über die nationale repräsentative Demokratie verschiedener Ausprägung und über den supranationalen metarepräsentativen, also durch repräsentativ gewählte Regierungen bestimmten Staatenbund – man denkt an die EU – bis zur global governance einer Weltregierung, an deren Legitimierungsideologie derzeit noch um die Wette gestrickt wird: auf der einen Seite der plutokratische Papiergeld-Imperialismus der einzig verbliebenen Weltmacht, die alle Welt in die Abhängigkeit vom Dollar bombt, auf der anderen die eifrigen Gutmenschen mit ihrer klimaneutralen grünen Bio-Wolle.

5. Legitimität

Legitimität und Funktionalität

Selbst wenn Herrschaft zum Funktionieren einer „friedlichen“ Gesellschaft notwendig wäre, würde auch dieser Umstand nichts an der Illegitimität von Herrschaft ändern: Intersubjektiver Nutzenvergleich ist unzulässig, weil selbst Herrschaft.

Als finale Legitimation für den Staat dient die Produktion sogenannter „öffentlicher Güter“, insbesondere Gerechtigkeit, Sicherheit und Wohlfahrt. Als Grund für die Unmöglichkeit der privaten Produktion „öffentlicher Güter“ wird angegeben:

a. Trittbrettfahrer sind auszuschließen (Leuchtturm-Dilemma).

b. Öffentliche Externalitäten entstehen bei privater Produktion.

Abgesehen davon, dass diese Begründungen weder technologisch noch gar logisch durchschlagend sind: Historisch zeigt sich, dass der Charakter von Gütern sich von „privat“ nach „öffentlich“ und auch wieder zurück wandeln kann (Beispiele Bahn, Post, Straße, Sicherheitsdienste, Gesundheitswesen und anderes mehr).

Der auf die Produktion weniger öffentlicher Güter, nämlich Sicherheit und Gerechtigkeit, beschränkte Staat ist der Nachtwächterstaat, das Ideal des klassischen Liberalismus. Historisch sind alle Versuche gescheitert, den Staat per Verfassung auf diese Aufgaben zu beschränken. Grund dafür ist die Kompetenz-Kompetenz, also die Zuständigkeit zur Definition des eigenen Zuständigkeitsbereichs. Diese resultiert, auch gegen das ausdrückliche Verbot der Kompetenzausweitung in einer Verfassung, aus dem Rechtsmonopol des Staates in allen Streitfragen. Seine untereinander vielfach verflochtenen Agenten lösen im Rahmen der Rechtsetzung, Rechtsinterpretation und Rechtsanwendung (Legislative, Judikative, Exekutive) alle möglichen Konflikte der Bürger, insbesondere auch die ihn selbst betreffenden Konflikte, die er damit risikoarm und auf Kosten der Konfliktgegner und unbeteiligter Dritter selbst verursachen kann, um sie zu einem beliebig späten Zeitpunkt nicht immer, aber regelmäßig zu seinen Gunsten zu lösen. Ein schönes Beispiel für den Systemvorteil zugunsten der Staatssicht liefert das Justizwesen mit engster Verflechtung des Personals der Staatsanwaltschaft und der Richterschaft mit der nicht unvermeidlichen, sondern systematisch gewünschten Funktionsabstimmung über den Stallgeruch aus Besoldungsamt, Flur und Kantine.

Die Wirkung der sogenannten Gewaltenteilung ist dabei vielfach konterkariert, insbesondere sowohl durch das Bildungsmonopol als auch durch die Hegemonialstellung am Arbeitsmarkt für Intellektuelle und Machtbestrebte, die per Steuermonopol und Geldmonopol gewährleistet ist. Intellektuelle werden hier verstanden als Interpreten, Designer und Konstrukteure gesellschaftlicher Wirklichkeit. Der Umstand, dass der Staat Richter in eigener Sache ist und gleichzeitig den Preis seiner zwangsweise angebotenen Güter selbst festlegen kann, führt zu tendenziell abnehmender Qualität und steigendem Preis dieser Güter. Bevor er Güter minderer Qualität zu überhöhtem Preis monopolistisch anbieten bis aufzwingen kann, muss er zunächst in jedem Fall ein Ungut schaffen, eben die Steuer, die Gebühr und die Geldentwertung.

Der Wert eines Gutes besteht aber ausschließlich im Maß an Einschränkungen von Freiheiten und Rechten, das der Einzelne in einer jeweils konkreten Situation zu einem bestimmten Zeitpunkt freiwillig bereit ist hinzunehmen, um Eigentum an einer Sache zu erwerben. Da aller Wert subjektiv und situations- und zeitgebunden ist, kann es schon begrifflich, ohne Berücksichtigung der Illegitimität einer zwangsweise erhobenen Steuer, keine interpersonale Nutzenoptimierung geben. Insbesondere ist der Nutzen zum Beispiel von direkter Umverteilung für die einen, die Mehrheitswähler, nicht mit dem Schaden für die anderen, die Minderheits- und Nichtwähler, aufrechenbar.

Eine staatlich und insbesondere demokratisch organisierte Gesellschaft ist damit systematisch unfriedlich.

6. Herrschaftszyklus

Herrschaftszyklus: Vom Minimalstaat zum totalen Staat, zum Zusammenbruch und wieder zum neuen Minimalstaat

Sobald eine territorial definierte Struktur einen solchen Grad der Verfestigung erreicht hat, dass sie erfolgreich das Rechtsprechungsmonopol und also Herrschaft ausübt, handelt es sich um einen Staat. Dieser benötigt zur Ausübung seiner Herrschaft Mittel. Im Übergangsbereich von der Gesellschaft zum Staat können die Mittel etwa der Rechtsprechung zunächst vom lokalen Adligen selbst aufgebracht werden, wie das in der griechischen Antike genauso wie im feudalen Mittelalter zunächst der Normalfall war. Wenn und solange die Menschen eine nützliche Funktion der adligen Elite erkennen, können sie freiwillig zur anteiligen Mittelbereitstellung beitragen. Solange der herrschaftssuchende Adlige die Hegemonie und Meinungsführerschaft nicht überbelastet, kann er die Mittelbereitstellung durch die zunehmend Abhängigen erzwingen. Die erzwungenen Mittel kann er zur jeweils weiteren Ausdehnung seiner Macht und seines Einkommens zweckentfremden. Je mehr es gelingt, die Hegemonie zu etablieren, desto weiter kann der Herrscher seinen Aufgabenbereich, mit anderen Worten: Machtbereich ausdehnen. Nach Rechtsprechung und Rechtsetzung kommen mit der Rechtsdurchsetzung unmittelbare Zwangsmittel und bald auch deren Monopolisierung in die Reichweite der Institution, die spätestens jetzt als Staat und Herrschaft zu bezeichnen ist. Weiter geht es mit Sicherheitsproduktion im Allgemeinen einschließlich vorsorgender Maßnahmen und Ausdehnung des Sicherheitsbegriffs auf die gesamte Lebensvorsorge einschließlich Bildungsmonopol und einschließlich zunehmender bis totaler Wirtschaftslenkung und Diskurshoheit.

Die Staats-Agenten partizipieren an der Macht und dem von Fremden erzwungenen Einkommen. Zur Sicherung der Herrschaftsmacht bedarf es der Loyalität der Agenten. Zur Sicherung der Loyalität und der Verbreiterung der Machtbasis muss der Staatsdienst im materiellen und immateriellen Sinn gegenüber der Teilnahme am Markt freiwillig getauschter Leistungen attraktiver sein. Die Summe der Nutzen wie Gehalt, Rente, Sicherheit, Macht, Reputation muss höher sein als bei vergleichbarer Leistungshöhe und Leistungsdichte am Markt.

Dadurch entstehen einerseits das Beharrungsvermögen einmal entstandener Bürokratien sowie deren Eigendynamik zur Kompetenzausweitung, Leistungsverschlechterung und -verteuerung. Andererseits wächst dadurch der Enteignungsdruck auf die Marktteilnehmer und deren Verweigerungs- und Ausweichverhalten, und die wirtschaftliche Gesamtleistung einer Gesellschaft droht zu sinken. Zur Aufrechterhaltung des dynamischen Machtprozesses wurden daher indirekte, fast unsichtbare Enteignungsinstrumente geschaffen. Diese haben sich vom Münzmonopol über die Münzverschlechterung kontinuierlich und über viele Zwischenschritte bis zum heutigen System des ungedeckten Papiergeldes entwickelt mit Geldemission durch Zentralbanken und nach staatlicher Maßgabe Kreditgeld schöpfenden Geschäftsbanken.

Mit aus dünner Luft geschaffenem Papiergeld können Intellektuelle zur Hegemoniesicherung und Herrschaftsunterstützung gekauft werden, die den realen und putativen Empfängern von Hehlerware das sanfte Kissen des ruhigen Gewissens unterschieben. Die unheilige Dreifaltigkeit von Staat, Banken und Intellektuellen als Interpreten gesellschaftlicher Wirklichkeit schafft es in frappanter Weise, das prinzipiell sehr durchsichtige Betrugssystem von Herrschaft und Falschgeldmonopol zu vernebeln.[89]

Wenn aber die Enteignung auf breiter Front nicht länger durch technischen Fortschritt kaschiert werden kann, sorgen die objektiven Wirkungen der fortschreitenden Enteignung zum Beispiel auf dem Weg der Hyperinflation für eine krisenhafte Fehlfunktion des gesamten Waren- und Dienstleistungssektors, also der ganzen Gesellschaft, und damit für einen Leidensdruck, der auch bei nicht sachgemäßer Analyse der Ursachen letztlich zum Zusammenbruch und zur revolutionären Abschaffung des gesamten bisherigen Regelungs- und Herrschaftssystems führen muss.

Bei jetzt drastisch reduzierter Regelungsdichte und ohne Annahmezwang für staatliches Falschgeld, und also mit einer von den jeweiligen Partnern als werthaltig erachteten Geldware, können sich Marktkräfte wieder freier entfalten. Sofern es gelingt, die friedliche Kooperation durch hinreichende und hinreichend schnelle Rechtssicherheit zu gewährleisten, folgt eine Phase der Prosperität und der Etablierung neuer Eliten. Wenn aber kein ausreichend hegemoniales Bewusstsein von Selbsteigentum und der Möglichkeit einer privatrechtlichen Organisation der Gesellschaft vorhanden ist, findet der Anspruch auf das territoriale Monopol der Rechtsprechung bald wieder breite Zustimmung.

Der Zyklus beginnt unter anderen historischen Bedingungen von neuem.

2.2 Die menschliche Gesellschaft: Eos erwacht

„Dort, wo der Staat aufhört, – so seht mir doch hin, meine Brüder! Seht ihr ihn nicht, den Regenbogen und die Brücken des Übermenschen?“

1. Friedliche Privatrechtsgesellschaft

Eine friedliche Privatrechtsgesellschaft ist normativ herrschaftsfrei möglich.

Da und solange unter allen gegenwärtig und zukünftig lebenden Menschen keine vollständige prästabilierte Harmonie über die Verwendung knapper Güter herrscht, entstehen ständig Konflikte um alternative Güterverwendung. Sie können zwar nicht vermieden, aber doch immerhin friedlich gelöst werden unter der Norm des exklusiven Eigentums. Dieses Eigentum leitet sich her aus dem Selbsteigentum am eigenen physischen Körper und der eigenen Körperzeit, aus der primären Aneignung von zuvor ungenutzten Ressourcen durch Arbeit und dem natürlichen Eigentum an den in der Folge hergestellten Gütern ohne unaufgeforderte Verletzung der physischen Integrität anderer Personen oder fremder Güter, sowie der vertraglichen, also konfliktfreien Eigentumsübertragung.

Die Eigentumsnorm und das Aggressionsverbot schützen die physische Integrität des Eigentums, nicht seinen Wert. Eigentum ist eindeutig zugeordnet und physisch erkennbar. Eine andere als eindeutige und unterscheidbare Eigentumszuweisung an mehr als eine Person führt zu Konflikten und ist daher als Norm dysfunktional.

Damit kennt eine Privatrechtsgesellschaft keine öffentlichen Güter. Dies schließt insbesondere ein:

Kein öffentliches Eigentum – alle Güter haben einen eindeutig zugeordneten Eigentümer.

Kein öffentliches Recht, kein Rechtsmonopol – Sicherheit und Recht sind Marktgüter.

Kein Steuerprivileg – edle Mitmenschlichkeit statt gemeinem Wohl.

Keine gesellschaftliche Handlungsautonomie – jeder soll und kann nur nach seiner eigenen Façon selig werden.

Kein Generaleigentum – jeder hat sein eigenes und nur sein eigenes Leben.

Unter der Prämisse der Bejahung des Lebensrechts sind das exklusive Privateigentum und das Aggressionsverbot alternativlose Normen zum konfliktfreien Umgang rationaler Menschen mit knappen Ressourcen.

Alternative Postulate wie kollektives Eigentum und Aggressionsrecht sind nicht universell und konsequent anwendbar ohne sofortiges Erlöschen menschlichen Lebens. Sie sind dysfunktionale Normen. Damit erfüllen nur die Normen des exklusiven Privateigentums und des Aggressionsverbots die Gleichheitsforderung der Ethik. Nur sie sind daher legitimerweise erzwingbar. Sie beschreiben den Bereich der Pflicht- oder Rechtsethik und betreffen das Spannungsverhältnis von Zustimmung oder Zwang. Was als Ethik der Mitmenschlichkeit, „soziale" Verantwortung und Ethik der Erkenntnis darüber hinausgeht, hat keine intersubjektiv klar identifizierbaren Grenzen der Reichweite und Priorität.

Moral dagegen beschreibt subjektive Wertehierarchien, die zwischen Individuen, Kulturen, Ethnien, Gruppen und Zeiten stark variieren und nicht universalisierbar sind. Es ist dies der Bereich der Konvention, wie die Ethnographie uns lehrt und wie jede Fernreise illustriert. Im Gegenteil kennen diese subjektiven Wertehierarchien in der Regel den Unterschied zwischen ich, wir und sie. Moral beschreibt die Bewertungen gut oder böse im Hinblick auf mich, auf uns und auf sie. Moral hat ihren sittlichen Wert in der Freiwilligkeit. Erzwungene Moral ist Tugendterror und verkehrt das Gute ins Böse.

Ein schönes Beispiel, nur nebenbei gesagt, für den Charakter von Moral als gruppenbezogene Sittenlehre liefert etwa die Händlermoral in Marokko: Kein Marokkaner könnte jemals jemanden betrügen, der je am Familientisch gesessen hat: Gleichzeitig verbringen aber marokkanische Geschäftsleute einen großen Teil ihrer Zeit mit der Abwehr von Betrugsversuchen durch Kunden, Lieferanten und Angestellte und natürlich auch mit dem Einfädeln eigener Täuschungen, die keineswegs als unethisch gelten, sondern als Ausweis eines cleveren Geschäftsmannes geradezu seine Ehre ausmachen. Ein noch deutlich weniger schönes Beispiel für die allermassivste Inkongruenz von Ethik und Moral sind Himmlers „anständig gebliebene" Judenschlächter im tausendjährigen Reich der Nationalsozialisten; dass sich die Parteichargen des internationalsozialistischen „kommunistischen tausendjährigen Reich[s]"[90] bei ihren Morden auf eine besonders hohe Moral berufen konnten, bezeugen des gefeierten Bertolt Brechts „Lehrstücke", etwa das „Lob der UdSSR" in „Die Maßnahme": „Der Einzelne kann vernichtet werden / Aber die Partei kann nicht vernichtet werden."

Doch zurück zur herrschaftsfreien Privatrechtsgesellschaft: Wie wir heute zu denken und zu fühlen gewohnt sind – hier gibt es in der Schüler-Szene des Faust I einen der allerschönsten Brust-Lust-Reime, natürlich von Mephistopheles: „Das kommt nur auf Gewohnheit an. / So nimmt ein Kind der Mutter Brust / Nicht gleich im Angang willig an, / Doch bald ernährt es sich mit Lust." – also nach unserer generationenlang eingeübten Gewohnheit, Denkgewohnheit möchte man sagen, wenn das nicht ein Widerspruch in sich wäre, nach der reflexhaften zerebralen Reaktion also will uns das hier vorgebrachte Modell der staatsfreien Privatrechtsgesellschaft als völlig abwegig, unrealistisch und im pejorativen Sinn utopisch erscheinen: Kein Ort, no way. Und doch scheint auch für diejenigen, die glauben, ihr Denken am geschichtlich schon Dagewesenen orientieren zu müssen, nicht gerade ein Vorbild, aber immerhin ein Modell zu existieren. Ich verdanke diese Einsicht dem neuesten Buch von Hans-Hermann Hoppe: „A Short History of Man. Progress and Decline“. Wie, so fragt er, konnte sich ein Modell durchsetzen, in dem einem Monopolisten das letzte Wort in allen zukünftigen Streitfragen auch mit ihm selbst zugestanden wird, die er dann, sofern er kein Engel, sondern eben ein Mensch ist, tendenziell zu eigenen Gunsten entscheiden kann und also ohne großes Risiko auch anzetteln kann? Denn genau so sieht unsere gesellschaftliche Wirklichkeit aus: Wenn der absolute König, der konstitutionelle König oder der demokratische Staat mit Hilfe spezialisierter Organe der letzte Richter ist, den sich kein Bürger des jeweiligen Territoriums aussuchen kann, dann kann dieser Richter-Staat das Recht auch nach eigenem Standpunkt interpretieren, allmählich nach Gusto verändern und schließlich willkürlich setzen. Wer etwa von internationalem „Recht“ Unabhängigkeit erwartet, mag sich die aktuelle Entscheidung des Europäischen Gerichtshofs anschauen, der entgegen allen hochheiligen Verboten der Staatsfinanzierung durch die Europäische Zentralbank einen rechtsförmigen Weg gefunden hat, deren unbegrenzten Ankauf von Schrott-Anleihen von Euro-Staaten gutzuheißen. Wer davon überrascht ist, muss sich dann wohl über seine Blauäugigkeit wundern.

Dagegen muss ein nicht-monopolistischer Schlichter oder Richter ein präexistentes Recht suchen und interpretieren. Dazu muss er die relevanten Fakten prüfen und das allbekannte „gute“, „alte“ Recht auf den jeweiligen Fall anwenden, sodass beide Streitparteien mit dem Urteil leben können und seine Umsetzung von der Gesellschaft getragen wird. Schafft er das nicht, wird sein Urteil als Unrecht empfunden, kann jede Streitpartei in aller Unabhängigkeit ein anderes Gericht, einen anderen Schlichter anrufen, und es kann sogar der Richter, der das Recht gebeugt hat, dafür vor einem anderen Gericht belangt werden. Und das ist keineswegs eine Utopie, sondern die jahrhundertelange Wirklichkeit des europäischen feudalen frühen Mittelalters.[91] Vor nicht einmal 700 Jahren also, bis zur Schwarzen Pest 1348, vielleicht noch länger, waren Könige keine Erbmonopolisten über „ihre" Territorien, sondern die höchsten gewählten und abwählbaren Adligen, die Vertreter angesehenster Familien, die sich durch besondere Eigenschaften wie Intelligenz, Fleiß, Mut, Stärke, Weisheit hervorgetan hatten und von der lokalen Ebene bis in regionale und überregionale Verhältnisse hinein eine natürliche Elite bildeten, an die man sich in Streitfällen selbstverständlich mit dem Bedarf nach Schlichtung wandte. Dafür brauchte es keine festen Institutionen, die wohl auch mangels Kommunikations- und Organisationsmitteln nur unzureichend funktioniert hätten, sondern eben natürliche Autorität.

Das gottgegebene und also heilig gehaltene Recht stand über allen gleichermaßen und konnte, ja musste von allen gleichermaßen bewahrt und gegen Rechtsverletzer geschützt werden. Erkannt, ins Tageslicht des Bewusstseins gestellt, wurde es im Zusammenspiel der Tradition und des individuellen Gewissens, sodass seine Anwendung und Interpretation an keine formalen Voraussetzungen gebunden waren. „Nieman ist so here, so daz reht zware" (Niemand ist so hehr, so dass er das Recht zwingen könnte, mein Übersetzungsversuch) fängt ein bayerisch-österreichisches Gedicht von etwa 1150 an, das dann allerdings mit der Feuerprobe mehr Zuversicht in Gottes Urteil legt, als die meisten von uns das heute nachempfinden wollen.

Wie oben ausgeführt und wie bereits bei Hoppe auf anderem Wege geschehen, können wir Heutigen uns dafür intellektuell dessen versichern, was bis vor wenigen Jahrzehnten noch Naturrecht hieß, zugegeben ein ebenso unscharfer wie konzeptionell problematischer Begriff, insbesondere, nachdem das Fundament des Glaubens längst nicht mehr allgemein trägt – und für eine anonyme arbeitsteilige Groß- oder gar Weltgesellschaft in jedem Fall ungeeignet erscheint.

Dass man sich damals nicht nur an besonders weise, gelehrte, besonnene Menschen um Richterdienste wandte, sondern auch an besonders erfolg- und einflussreiche Menschen, eben die adligen Eliten, hängt natürlich auch damit zusammen, dass das Recht nicht nur gefunden und gesprochen, sondern schließlich auch durchgesetzt werden musste. Und dafür war natürlich die allgemein anerkannte Reputation des Richters die erste Voraussetzung und seine faktischen Machtmittel die zweite. Insofern – und nur insofern – ist das Element der Herrschaft richtig beschrieben, wenn man von feudaler Aristokratie, der Herrschaft der Besten, spricht. Von Staat in einem irgend modernen Sinn zu sprechen, wird aber erst möglich, wenn Könige erfolgreich das Gebietsmonopol durchgesetzt haben und damit die unteren Adligen zu Abhängigen gemacht sind. Vielleicht mehr als Buchdruck, Reformation und die Entdeckung Amerikas markiert der Verlust der Glaubensselbstverständlichkeit mit der Schwarzen Pest 1348 den Anbruch der Neuzeit und damit das Aufkeimen des Absolutismus.

2. Intellektuellen Trägheit

Die Widerstände gegen die Privatrechtsgesellschaft liegen in der vom Herrschaftswillen beförderten intellektuellen Trägheit

Die Nachfrage nach intellektuellen Dienstleistungen am freien Markt ist denkbar gering, während der Ansturm der Studienanfänger auf die sogenannten Geschwätzwissenschaften riesig ist – aus teilweise durchaus ehrenwerten Gründen. Nur wenige Unternehmen beschäftigen zum Beispiel eigene Historiker, Soziologen, Philosophen oder auch nur Lehrer, nur wenige solche können primär von freien Forschungsaufträgen und Bildungsangeboten, Vorträgen und Publikationen leben. Anders als private Arbeitgeber verfügt der Staat per Rechtsmonopol und folglich per Geldemission und Steuerhoheit über die Ressourcen, Intellektuelle als Interpreten, Designer und Konstrukteure gesellschaftlicher Wirklichkeit im großen Maßstab zu beschäftigen. Gleichzeitig hat der Staat ein massives Interesse daran, seine Herrschaft öffentlich legitimieren zu lassen: Freiwillig kooperierende Untertanen mit der Wurst vor der Nase sind effektivere Produzenten raubbarer Güter und Dienste als solche mit der Peitsche im Rücken.

Der Staat erreicht dies durch Beschäftigung und Sponsoring von Intellektuellen zum Beispiel in der Verwaltung, in Behörden, im Rechtswesen, in allgemeinen und politischen Bildungseinrichtungen, in fast der gesamten Kunst- und Kulturszene, in Hochschulen, im Schulwesen, in Körperschaften des Öffentlichen Rechts wie Kammern und Rundfunk- und Fernsehanstalten sowie anderen Informationsmedien, in Thinktanks wie etwa den parteinahen Stiftungen und weit darüber hinaus durch Sponsoring und Karriereabsicherung in NGOs und der privaten Presse. Durch die gegenseitige Abhängigkeit von Finanzsektor und Staat sind auch hier Intellektuelle direkt und indirekt Staatsdiener, wobei man gern an die sogenannten „Top-Ökonomen“

denken darf, die uns derzeit das Bargeld nehmen wollen.

Aufnahme in die entsprechenden Laufbahnen und vor allem der Aufstieg hierin selektieren und sichern eine etatistische Grundauffassung. Wer liebt nicht die Brust, die ihn säugt, wer fürchtet nicht die blutige Hand, die ihn füttert?

Menschen bevorzugen eher weniger als mehr Arbeit und eher mehr als weniger Einkommen. Höhere Bedürfnisse in der Bedürfnispyramide werden erst befriedigt, wenn niedrigere bereits abgedeckt sind. Wenn die niedrigeren Bedürfnisse in einer intellektuellen Karriere durch das bestandene Staatsexamen, die endlich erreichte Festanstellung oder gar den ersehnten Beamtenstatus befriedigt sind, hat sich die etatistische Grundeinstellung längst gebildet und gefestigt. Es bedarf außerordentlicher intrinsischer Motivation, also Hochschätzung der Wahrheitssuche als eigenständigem Wert, um die dann eingetretene Trägheit noch zu überwinden. Denn auch Intellektuelle sind in den seltensten Fällen diejenigen, die sich nach Max Frisch eine Überzeugung leisten, auch wenn sie ihr eigenes Haus und Einkommen kostet, deren Bedürfnispyramide also auf der Spitze balanciert. Intellektuell begabte Nischenexistenzen in nicht-intellektuellen Berufen haben dieses Trägheitsproblem mangels karrierebedingter etatistischer Grundeinstellung weniger.

Da eine herrschaftsfreie Gesellschaft historisch zumindest in der Moderne nie über längere Zeit existiert hat, erfordert ihre Vorstellung den Kantschen Mut der Aufklärung: Sapere aude! Wage zu wissen, mit der Betonung nicht des Wissens, sondern des Wagens. Moderner gesprochen: Passivdenken ist weitaus gefährlicher als Passivrauchen.

3. *Private Sicherheitsstruktur*

Eine Sicherheitsstruktur kann prinzipiell privat funktionieren[92]

Selbstverteidigung ist die primäre Sicherheitsproduktion. Eine erhebliche Produktivitätssteigerung kann durch Arbeitsteilung erreicht werden: konkurrierende private Polizei-, Versicherungs- und Schlichtungsagenturen stehen im individuellen Vertragsverhältnis zum Kunden. Während der Anbieter von Schutzleistungen ein systematisches Interesse an vielen und werbewirksam-spektakulären aggressiven Akten hat, vor deren Hintergrund er sein Schutzgeld eintreiben kann, und während der Schlichter ohne Konflikte keinen Markt hätte, sieht die Interessenlage des Anbieters von Entschädigungs- und Versicherungsleistungen an freiwillig zahlende Kunden anders aus: Er ist an einer befriedigenden, aber billigen Abwicklung von möglichst wenigen Schadensfällen interessiert, was ihn veranlassen kann, in Prävention, Schadensvermeidung, Verbrechensbekämpfung und -aufklärung zu investieren, entwendete Güter und Täter tatsächlich aufzufinden, Rechtsverletzer rechtswirksam zu überführen und finanziell haftbar zu machen, um Kundenzufriedenheit herzustellen bei möglichst reduziertem Entschädigungsaufwand, der aus Kundenbeiträgen aufzubringen ist.

Gleichzeitig ist eine Disziplinierung der Versicherungsnehmer systematisch gegeben, weil aggressives Verhalten natürlich nicht versicherbar ist; auf andere Versicherte abgewälzte Kosten der Aggression würden über Prämienerhöhung zu Kundenverlust führen. Das gilt ebenso für selbst zu erheblichem Teil steuerbare Schäden wie Arbeitslosigkeit, Selbsttötung, Brandstiftung und soziales Unwohlbefinden, die zumindest in anderen Risikoklassen rangieren als die nur fremdgesteuerten Opfersituationen. Dagegen wirken sich friedliches Verhalten, Deeskalation und Rechtsfrieden unmittelbar kostensenkend und kundenfreundlich aus.

Auch wenn sektorale Anbieterinteressen und das Kundeninteresse keineswegs immer übereinstimmen, wird die Konkurrenz doch insgesamt zu einem verbesserten Preis-Leistungs-Verhältnis führen. Denn schließlich steht die gesamte Sicherheitsbranche mit ihren Elementen Schutz, Recht und Versicherung nicht nur untereinander in Konkurrenz, sondern vor allem mit allen anderen menschlichen Bedürfnissen von Nahrung, Kleidung, Wohnung, Genuss, Geltung, Kultur, Bindung, Proliferation, Bildung, Ausbildung, Unterhaltung und was immer sonst. Das beste, billigste und innovativste Sicherheitspaket hat mindestens so gute Chancen wie Aldi, Lidl und Co.

Da der jeweilige Platz der Sicherheit auf der jeweils individuellen Werteskala immer von einer großen Zahl anderer Werte abhängt, muss auch der Aufwand, den der Einzelne für Sicherheit zu treiben geneigt ist, von ihm selbst bestimmt werden. Es kann nicht angehen, dass der Sicherheitsanbieter zu definieren hat, wen er in welchem Umfang vor welchen Gefahren und zu welchem Preis beschützt.

Ferner gibt es keine opferlosen Verbrechen: Solange die körperliche Unversehrtheit nicht zustimmender Personen nicht unmittelbar bedroht oder zerstört wird durch Handlungen anderer, haben diese keinen Einfluss auf die Handlungen jener anderen, wie zum Beispiel Umgang mit Drogen, sexuelle Handlungen, Glücksspiel, Meinungsäußerungen einschließlich sogenannter Beleidigungen und übler Nachreden.

Dabei wird es voraussehbar zur Variabilität des Binnen-Gruppen-Rechts kommen, also im Bereich freiwilliger Mitgliedschaften in nicht territorial-monopolistischen Gesellschaften wie religiösen Gruppierungen oder freiwilligen beruflichen Vereinen; im Gegensatz dazu wird die Rechtsprechung oder Schlichtung in einer heterogenen Gesellschaft von Zwangsmitgliedern, die insbesondere bestimmt ist durch territoriale Zugehörigkeit aufgrund von Geburtsort oder vorwiegendem Wohn-, Eigentums- oder Arbeitsort, eine Tendenz zur Vereinheitlichung des Inter-Gruppen-Rechts entwickeln durch vertragliche Kooperation mit konkurrierenden unabhängigen Schlichtern, auf die sich die Streitparteien oder deren Versicherer im Idealfall schon vorher geeinigt haben. In noch stärkerem Maß wird sich das intergesellschaftliche Recht vereinheitlichen, da die Rechtsgrundsätze mit wachsender räumlicher und kultureller Entfernung zwangsläufig abstrakter werden, um überhaupt Konsens zu ermöglichen.

Effektive Sanktion gegen Rechtsverletzer bezüglich veräußerlichem Eigentum ist gegeben durch wirkungsvoll vertretene Restitutionsforderung sowie Erhöhung von Versicherungsprämien des Rechtsverletzers und/oder verschlechterte bis verweigerte Tauschgelegenheiten für Leistungsangebote des Rechtsbrechers bei potentiellen Vertragspartnern, was ja im Internetzeitalter besser als je möglich ist. Effektive Sanktion gegen Rechtsverletzer bezüglich unveräußerlichem Eigentum entsteht durch Verlust des äquivalenten Rechts auf körperliche Integrität sowie die daraus folgende Freiheit des Verletzten oder seiner Rechtsnachfolger, selbst oder durch Agenten eine gleichartige Verletzung des Aggressors zu bewirken. Diese Freiheit kann gegen Ausgleichszahlung (Blutgeld) abgekauft werden.

4. Transformation

Probleme der Transformation benötigen intellektuellen Aufwand

Beim Entstehen herrschaftsfreier Zustände, großflächig etwa beim Zusammenbruch bestehender Imperien und Staaten, kleinflächig als herrschaftsfreie Insel nach erfolgreicher Sezession, hat offenbar bisher immer die kritische Masse von Menschen gefehlt, die in der Lage gewesen wären, Strukturen anzubieten, die der aufkommenden neuen Herrschaft sofort Konkurrenz und Einhalt hätten bieten können. Die Ratlosigkeit angesichts der Frage, wie „das alles“ denn ohne Staat funktionieren solle, sorgt für frühzeitige und unreflektierte, aber irreversible Weichenstellungen in der Geschichte ohne Rückwärtsgang.

Eine Großgesellschaft ohne ständigen Rekurs auf staatliche Strukturen auch nur zu denken, erfordert nicht nur die willensmäßige Ablehnung jeder, also insbesondere staatlicher, Herrschaft, sondern nachgerade ein Durchforsten des mit der Muttermilch aufgesogenen etatistischen Begriffsapparats.

Ohne Verlust der Interpretationshoheit des Staates durch Aufklärung wird jedes Chaos wieder Herrschaftsstruktur annehmen. Um die Chance einer privatrechtlichen Rettung nutzen zu können, die sich aus einer alles chaotisierenden tiefen Krise des Etatismus ergeben muss, erscheint es wichtig, möglichst viele möglichst konkrete Lösungsansätze wenigstens gedanklich parat zu haben. Während die Delegitimierung von Staat und Herrschaft bereits auf recht breiter Front betrieben wird – beispielhaft sei hier das Mises Institute in den USA genannt –, ist diese zweite Aufgabe der Privatrechts-Intellektuellen noch weit weniger entwickelt; was es braucht, ist eine positive Utopie in zunehmend feiner Granulation. Es geht dabei nicht um die Illusion, man könne eine Zukunft am Reißbrett konstruieren, es geht nur um die Stärkung der Zuversicht, dass die Kreativität der Menschen, die sich im Markt bewegen können und müssen,

Lösungen finden wird, sozusagen um den Markt der virtuellen Wirklichkeiten. Auch die Steinzeit ist aufgrund besserer Ideen zu Ende gegangen, nicht aus Mangel an Steinen.

5. Kopf-Mittel-Wahl

Die Kopf-Mittel-Wahl sichert einen herrschaftsfreien öffentlichen Sektor

Der Begriff „öffentlicher Sektor“ bezeichnet alle Verhältnisse einer Gesellschaft, in der diese als Einheit auftritt. Die Zugehörigkeit zu einer bestimmten Gesellschaft kann auf drei verschiedene Weisen zustandekommen: zwangsweise, insbesondere territorial definiert nach Geburtsort oder vorwiegendem Wohn-, Eigentums- oder Arbeitsort wie bei herkömmlichen Staaten, also regelmäßig mit angeblich impliziter Zustimmung zur Verfassung der Gesellschaft, zweitens durch freiwillige formelle Mitgliedschaft oder drittens durch informellen gesellschaftlichen Verkehr.

Der Lebensmittelpunkt ist zunächst durch die Geburt gegeben; bis zur Selbständigkeit erfolgt eine Integration nicht nur in eine private familiäre Gemeinschaft, sondern auch in eine mehr oder weniger anonyme Gesellschaft. Nach Verfestigung des Beziehungsgeflechts bezüglich sprachlicher, mitmenschlicher, kultureller, wirtschaftlicher und eigentümlicher Identität kann der Lebensmittelpunkt nur noch mit hohem Aufwand und daher begrenzt anders gewählt werden. Die territoriale Definition einer Gesellschaft weist daher Probleme auf, die bei der Freiwilligkeit der formellen oder informellen Mitgliedschaften in konkurrierenden, nicht monopolistisch-territorialen Gesellschaften nicht auftreten: Es fehlt die Exit-Option unterhalb der Schwelle massiven Verlustes an geronnener Körperzeit in Form von Eigentum, Wohlstand, sprachlicher, menschlicher und kultureller Identität. Unter dem Postulat des rationalen Umgangs unter Menschen und bei Affirmation des Lebenswillens ist also in territorial definierten Gesellschaften eine das Selbsteigentum und sekundär das veräußerliche Eigentum sichernde Verfassung notwendig.

Ziel eines Verfassungsentwurfs muss es sein, die Verletzung von Selbsteigentum zu verhindern, mindestens aber das Ausmaß von Selbsteigentumsverletzungen zu minimieren. Da der Schaden des einen mit dem Nutzen des anderen nicht aufrechenbar ist, intersubjektiver Nutzenvergleich eben nicht legitim ist, kann nur die Minimierung der Zahl von Selbsteigentumsverletzungen erreicht werden. Dies geschieht zuerst und zuvörderst durch die drastische Begrenzung des öffentlichen Sektors, also des Bereichs, in dem die Gesellschaft per Kollektiventscheidung als Einheit auftritt.

Wer auch immer glaubt, dass ein einheitliches Auftreten der gesamten Gesellschaft in einer bestimmten Sache erforderlich sei, muss der gesamten Gesellschaft, sprich allen Mitgliedern, dies vortragen. Um diesen Vorgang gedanklich nicht zu vermischen mit vergleichbaren, in der vergangenen und gegenwärtigen Geschichte real existierenden Institutionen wie Begehren, Initiative, Referendum oder Petition, sei er hier „Ansinnen" genannt. Da die gesamte Gesellschaft keine handlungsfähige Einheit ist, ist als unmittelbarer Ansprechpartner des Ansinnens lediglich eine institutionelle Repräsentanz denkbar, die auf geregelte Weise im Namen der Gesellschaft handelt. Eben dieses Regelwerk heißt Verfassung. Allenfalls eine verfassungsgemäß institutionalisierte Handlung kann den Anspruch erheben, gesellschaftlich allgemeinverbindlich zu sein. Der Grad der immer relativen Legitimität einer Verfassung sinkt mit steigender Mitgliederzahl der Gesellschaft, mit der Größe des monopolisierten Territoriums und mit dem Anteil Nachgeborener, die am Zustandekommen der Verfassung nicht mitwirken konnten.

Soweit ich sehe, haben wir noch keine bessere Idee als die Mehrheitsentscheidung, wenn Argumentation und Schlichtung zu keiner Einigung führen. Die institutionelle Repräsentanz, die hier „Verfassungsfilter" heißen soll, wird daher in jedem Fall eines ihr vorgelegten Ansinnens entscheiden, ob und gegebenenfalls in welcher Weise dies im Wege einer Mehrheitsentscheidung allgemeinverbindlich geregelt werden kann – dies als Notbehelf und als die mildestmögliche Form von unzivilisierter Gewalt.

Mögliche Mehrheitsmodi bei der Abstimmung über Ansinnen sind die Köpfe-Mehrheit, die Finanzierungs-Mehrheit und die doppelte Mehrheit von Köpfen und Finanzierungsmitteln. Es zählen bei Abstimmungen nach Köpfen und nach Finanzierungsmitteln ausschließlich qualifizierte absolute Mehrheiten. Ein Nicht-Abstimmen gilt als Nein.

Das Stimmgewicht für die Abstimmung der Finanzierungs-Mehrheit bemisst sich nach der absoluten Höhe des Finanzierungsbeitrags zum öffentlichen Sektor in der vergangenen vollen Wahlperiode des Verfassungsfilters. Die fraglichen Beträge können dabei entweder durch Ansinnen erhoben und damit zweckbestimmt sein, oder sie können mit oder ohne Zweckbindung gespendet sein.

Die Wahlperiode für die Mitlieder des Verfassungsfilters beträgt sechs Jahre.

Die Urwahl entscheidet über die Annahme der Verfassung und bestimmt die ersten drei Mitglieder des Verfassungsfilters. Nach jeweils zwei Jahren werden weitere drei Mitglieder des Verfassungsfilters gewählt. Die volle Wahlperiode beträgt jeweils sechs Jahre nach der Urwahl. Der Wähler kann drei Kandidaten mit jeweils einer Stimme wählen.

Die Urwahl erfolgt nach absoluter Köpfe-Mehrheit, nötigenfalls mit Stichwahl. Alle folgenden Wahlen zum Mitglied des Verfassungsfilters erfordern für jedes Mitglied die doppelte absolute Kopf- und Finanzierungsmehrheit. Dabei hat der erste Wahlgang die Aufgabe, diejenigen drei Kandidaten herauszufinden, die die höchste Zustimmung beider Eigentumskategorien auf sich vereinigen können; im ersten Wahlakt sind also die drei Kandidaten gewählt, die die relativ größte Summe der prozentualen Anteile an den Kopf- und Finanzierungsstimmen auf sich vereinigen, abzüglich der Differenz zwischen dem Kopf- und Finanzierungsstimmen-Anteil. Anders gesagt: Jeder Kandidat geht mit zwei Stimmergebnissen aus der Wahl hervor, dem Kopfstimmen-Anteil und dem Finanzierungsstimmen-Anteil, wovon ein Anteil der höhere, also der major ist, und der andere der kleinere ist, also der minor. Im Ergebnis zählt also der größte minor; gewählt sind demnach die drei Kandidaten mit dem größten minor, ob der nun zum Beispiel in einer kleinen Gesellschaft und bei nur fünf Kandidaten bei 50, 60 und 70 Prozent liegt oder bei vielen Kandidaten bei 0,5, 0,6 und 0,7 Prozent. Als Mitglied des Verfassungsfilters aufgenommen sind aber nur diejenigen null bis drei Personen unter den drei Gewählten, die in einem obligaten zweiten Wahlakt, der Einsetzung, die qualifizierte absolute Mehrheit der Kopf- und Finanzierungsstimmen erhalten.

Das Stimmrecht von Kindern wird bis zu deren einseitiger Erklärung der Selbständigkeit von der Mutter, ersatzweise dem Vater, wahrgenommen. Unmündige werden durch ihren Vormund vertreten.

Wer ist stimmberechtigt, Mitglieder des Verfassungsfilters zu wählen? Wer kann über Ansinnen abstimmen? Da es keine Behörde, kein Amt, keine dauerhafte Institution gibt, die etwas wie eine „Staatsbürgerschaft" „verleihen" oder eine „Wahlberechtigung" erteilen kann, wäre das niedrigstschwellige organisatorische Hilfsmittel eine personenbezogene Kontierung aller finanziellen Beiträge in jeder vollen Wahlperiode des Verfassungsfilters. Der positive Kontoauszug weist jeden Zahler als Wähler aus und bestimmt das Gewicht seiner Finanzierungsstimme.

Die Qualifizierung zur Teilnahme an der Urwahl des Verfassungsfilters kann nur in der sozialen Kontrolle bestehen; keine ausgeklügelte rechtliche Betrachtung im unstrukturierten Neuland einer sich gründenden Gesellschaft kann das starke Überwiegen von gutem Willen und gesundem Menschenverstand ersetzen. In den ersten beiden Jahren liegt noch keine Autorisierung der Erstbesetzung des Verfassungsfilters durch die Finanzierungsmittel vor, und eine Stimmgewichtung nach Finanzierungsbeiträgen ist noch nicht möglich. Daher können alle durch Ansinnen bedingten Ausgaben nur spendenfinanziert sein. Für den Rest der ersten vollen Wahlperiode sind dann die bisher im ersten respektive ersten und zweiten Drittel der Periode gespendeten Mittel das jeweilige Maß für die Finanzierungsmittel-Stimme.

Der Verfassungsfilter kann die Modalitäten für die Einreichung eines Ansinnens sowie die Abstimmungsprozedur festlegen. Insbesondere kann er Mindestanforderungen definieren. Unabhängig vom Abstimmungsergebnis werden alle Verfahrenskosten zunächst durch Vorschusszahlungen der Ansinnen-Steller aufgebracht und später auf die zustimmenden Finanzierungsstimmen verteilt.

Ansinnen, die das veräußerliche Eigentum und das unveräußerliche Selbsteigentum weder betreffen noch von ihm abhängen, also unpersönliche Ansinnen, sind durch die reine Mehrheit der Köpfe entscheidbar. Beispiele von unpersönlichen Ansinnen sind schwer auszumachen; in diese Kategorie könnte etwas fallen wie der Wunsch nach einer symbolischen Repräsentanz der Gesellschaft mit Hilfe von Fahnen, Emblemen und dergleichen, vielleicht noch die Auszeichnung und Ehrung von Persönlichkeiten, Unternehmen oder Initiativen. Allenfalls in diesen Bereich könnten die Außenbeziehungen zu anderen territorialen gesellschaftlichen Organisationen mehr oder weniger staatlichen Charakters fallen, sofern sie nicht in die Vertragsfreiheit eingreifen.

Ansinnen, die primär das unveräußerliche Selbsteigentum betreffen, ohne wesentlich von dessen veräußerbarer Ausprägung, dem Eigentum, abhängig zu sein, also höchstpersönliche Ansinnen, können ebenfalls nur von einer Mehrheit der Köpfe entschieden werden, soweit eine prinzipiell illegitime Mehrheitsentscheidung überhaupt als unausweichlich angesehen wird. Beispiele für höchstpersönliche Ansinnen sind mindestens ebenso schwer auszumachen, allerdings von weit höherem Gewicht als die oben angeführten unpersönlichen Ansinnen; es ist die dahinterstehende Frage nach der vergleichenden Gewichtung von Selbsteigentum, die mich zur Formulierung des dritten Axioms und damit zu einem erneuten Versuch der Fortentwicklung der Österreichischen Schule von der wertfreien Ökonomie hin zur rationalen Ethik geführt hat, wie im ersten Teil ausgeführt: Angenommen, eine Vielzahl von Personen wird durch ein mögliches, angedrohtes oder bereits tatsächliches Ereignis in ihrem Selbsteigentum bedroht, angenommen ferner, die Mittel zu einer erwogenen Gegenmaßnahme seien bereits im Gesellschaftsbesitz, durch ein verbundenes zweites Ansinnen zu erlangen oder per Schenkung erlangt; angenommen ferner, dass alternative Strategien der Abwehr sich gegenseitig ausschließen: Dann bleibt die Frage übrig, welche einheitliche Gegenwehr gegen die einheitliche Gefahr gewählt werden soll, und zwar nicht nur unter dem Aspekt der Wirksamkeit, sondern speziell auch unter dem Aspekt der Verantwortung für ihrerseits selbsteigentumsverletzende Wirkungen des Verteidigungsakts, sei es bei den vielleicht nur vermeintlichen Aggressoren, bei fremden Dritten oder bei den Bedrohten selbst: Was tun, wenn eine freie Gesellschaft nach Sezession von einem Staat oder einer gewaltbereiten Bande mit kriegerischer Gewalt bedroht wird? Was tun im schwersten Fall, wenn eine Drohung mit Massenvernichtung nur mit präventivem Einsatz massiver nicht exakt abgrenzbarer Gewalt abgewendet werden könnte, die ihrerseits unkalkulierbare Risiken für eine ungewisse Gruppe Betroffener bedeutet, im Extremfall nicht nur durch Nicht-Erreichen des Präventionsziels, sondern gar durch Wirkung auf Mitglieder der eigenen Gesellschaft oder unbeteiligte nicht aggressive andere? Sofern die materiellen und infrastrukturellen Ressourcen vorhanden sind, ist dies nur noch eine Frage der Erfolgsaussicht einerseits und der Gefährdung seiner selbst und anderer durch die potentielle eigene Aktion andererseits. So viel zu den höchstpersönlichen Ansinnen.

Eine Vielzahl von Ansinnen kann aber Fälle betreffen, die primär das veräußerliche Eigentum betreffen und/oder von ihm abhängig sind und gegebenenfalls direkt oder indirekt auch das unveräußerliche Selbsteigentum der Gesellschaftsmitglieder betreffen. Nennen wir sie hier die „gesellschaftlichen Ansinnen“. Diese müssen zur Annahme zumindest die Finanzierungs-Mehrheit erreichen. Je nach der Relevanz für das unveräußerliche Selbsteigentum kann der Verfassungsfilter zusätzlich die Köpfe-Mehrheit verlangen. In diese Kategorie fallen allenfalls gewünschte Investitionen, die wir heute als öffentliche Güter zu betrachten gewohnt sind, also etwa Infrastrukturmaßnahmen oder vorsorgende Sicherheitsinvestitionen wie Lawinenschutz,

Brandschutz oder Hochwasserschutz sowie Verbrechensprävention. Alles, was wir heute als sogenannte Sozialleistungen kennen, könnte, wenn von der Finanzierungsmehrheit gewünscht, als geberbestimmter Transfer auf Widerruf existieren, keinesfalls als Rechtsanspruch.

Es soll hier nicht insistiert werden, dass eine reine Privatrechtsgesellschaft ja theoretisch keine öffentlichen Güter kennt; vielmehr geht es mir in diesem Entwurf für eine realistische libertäre Gesellschaftsverfassung darum, dem gegebenenfalls vorhandenen Wunsch nach solchen Gütern eine Entscheidungsstruktur zu schaffen, die der Gesellschaft als handelnde Einheit und also der public choice die Eigendynamik zum Überwuchern der Privatrechtsgesellschaft nimmt.

Eine permanente Exekutive sieht die Verfassung ausdrücklich nicht vor. Vielmehr hat jedes Ansinnen die Instrumente zur Verwirklichung selbst zu definieren und projektgebunden einzusetzen. Eine etwa durch Ansinnen gebildete permanente Exekutive ist kein Verfassungsorgan und kann jederzeit durch ein neues Ansinnen in Gänze wieder aufgelöst und nicht nur einfach umbesetzt werden.

Es gibt kein Parlament mit repräsentativen Vollmachten. Insbesondere gibt es keine von diesem oder dem Verfassungsfilter zu beschließenden, zu erlassenden oder zu verkündenden Gesetze oder gar „Verordnungen".

Es gibt kein öffentliches monopolistisches Rechtswesen. Alle Wege der Rechtsfindung, Vertragserzwingung, Verbrechenssühnung und Schadenswiedergutmachung sind im Markt zu suchen.

Was aber geschieht, wenn sich keine Mehrheit der Kopf- und Finanzierungsstimmen für die vorgesehene oder eine hinreichende Zahl von Mitgliedern des Verfassungsfilters findet? Dann ist entweder kein breiter Bedarf nach einem öffentlichen Sektor vorhanden oder aber der Verfassungsentwurf findet keine ausreichende Unterstützung. Je kleiner der öffentliche Sektor, desto besser wird der Markt seine Kreativität entfalten und Lösungen anbieten, die sich gestern noch keiner vorstellen konnte.

Im Zweifel gibt es dann eben keinen öffentlichen Sektor, was besser ist als ein unkontrollierter, der üblicherweise das Ergebnis anderer Methoden von public choice ist, oft mit spärlicher Wahlbeteiligung und vor allem ohne Meta-Wahl, also ohne die Wahl, sich auf diese Wahl nicht einzulassen. Darf ich zur Betonung der Bedeutung der Meta-Wahl D. Martin Luther zitieren?[93]

„Denn bald nachdem er [ein Hofjude] getauft worden war, ließ der Kaiser [Sigismund] zwei Feuer machen; das eine nannte er das Juden-, das andere das Christenfeuer und befahl dem getauften Juden, auszuwählen, in welchem von beiden er lieber verbrannt werden wollte."

Die Wirklichkeit wird den realen Bedarf an öffentlichem Sektor mit der Zeit schon zeigen.

Was ist wesentlich, was unwesentlich an diesem Verfassungskonzept? Mehr oder weniger beliebig, also eher eine Frage der Praktikabilität, ist zum Beispiel die Wahlperiode von sechs Jahren; schon wichtiger ist, dass die Mitglieder des Verfassungsfilters im Rotationsverfahren gewählt werden, bevorzugt in Drittelrotation, weil dadurch ein gutes Verhältnis von Kontinuität und Veränderung gewährleistet ist, das weder zum Verkrusten noch zur ahistorischen Unbelehrtheit neigt. Wichtig ist auch noch, dass das System sowohl für große als auch für kleine Gesellschaften taugt, indem die Wahl der Verfassungsfilter-Mitglieder zunächst genausogut bei vielen wie bei wenigen Kandidaten funktioniert. Denn schließlich werden nur Kandidaten als Verfassungsfilter-Mitglieder eingesetzt, die bei der Wahl zunächst die relativ besten Ergebnisse bei den Kopf- und Finanzierungsstimmen erzielen konnten, und sodann im zweiten Wahlakt, der Einsetzung, die qualifizierte absolute Mehrheit der Kopf- und Finanzierungsstimmen erhalten.

Zentraler als diese eher technischen Aspekte ist aber der Ansatz, dass keinesfalls das Dilemma der zwangsweisen Mehrheitsentscheidung aller Belange unter drei Menschen wirksam werden kann: Durch die Einführung der Finanzierungsstimme zusätzlich zur Kopfstimme und die Gewichtung dieser Finanzierungsstimme aufgrund der vergangenen Beiträge zu Ausgaben des öffentlichen Sektors kann es nicht mehr zur permanenten Ausbeutung einer Schicht der Gesellschaft durch eine andere kommen, was bedeutet: Es gibt keine Klassen mehr. Denn erfolgreiche Erpressung von Mitteln einer finanziellen Oberschicht durch „Politiker" im Namen einer breiten Mittel- und Unterschicht würde in der folgenden Wahlperiode das Stimmgewicht der zuvor ausgebeuteten Oberschicht bis zum Veto-Punkt oder auch bis zur Emigration erhöhen; andererseits kann aber ebenso sicher ein Beherrschen der Gesamtgesellschaft durch eine finanzielle Elite durch Zustimmungspflichtigkeit der Köpfe-Mehrheit verhindert werden, sofern die legitimen Interessen der Menschen als Selbsteigentümer betroffen sind.

Das Wichtigste ist aber, dass es keinen irgendwie per Verfassung definierten oder per Ansinnen definierbaren „öffentlichen Sektor" per se einfach gibt. Die Schaffung eines solchen permanenten öffentlichen Sektors per Ansinnen ist verfassungsmäßig ausgeschlossen. In scharfem Gegensatz zum Staat als stationärem Banditen muss jeder, der in einer ihn bewegenden Angelegenheit ein einheitliches Handeln der ganzen Gesellschaft wünscht, dies projektgebunden legitimieren und finanzieren lassen, und zwar nicht von einer gut organisierten und taktierenden Interessengruppe, sondern von der tatsächlichen Mehrheit unter allen vom Ansinnen Betroffenen. Gemäß dem Charakter des Ansinnens, nämlich als persönliches, unpersönliches oder gesellschaftliches Ansinnen, kann dies nur das Selbsteigentum betreffen und von diesem abhängen, oder aber nur das veräußerliche Eigentum. In vielen Fällen, wenn nicht den meisten, wird es sowohl das Selbsteigentum betreffen, also etwa Leben, freien Willen, Gesundheit, Handlungsautonomie, als auch das veräußerliche Eigentum, also im wesentlichen materielle Güter und deren Tauschäquivalent, Geld.

Die Entscheidung, welche Eigentumskategorien von dem jeweiligen Ansinnen betroffen sind, ist einem Verfassungsfilter-Gremium vorbehalten, das der eigentliche Kern des Verfassungskonzepts ist: seine sämtlichen Mitglieder müssen jeweils sowohl die absolut mehrheitliche Zustimmung von unveräußerlichem Eigentum haben, also das Kopf-Mehr, als auch die absolut mehrheitliche Zustimmung des im öffentlichen Sektor eingesetzten veräußerlichen Eigentums, also das Finanzierungs-Mehr.

Dies ist ausdrücklich das einzige Verfassungsorgan, die einzigen Wahlen in der Gesellschaft sind die Wahlen zum Verfassungsfilter. Durch Ansinnen und deren Abstimmung mit dem absoluten Kopf-Mehr und/oder Finanzierungs-Mehr kann zwar eine Exekutive mit definierten Vollmachten eingesetzt werden, sollte eine Mehrheit beider Kategorien dies wünschen, sie kann aber auch jederzeit durch ein weiteres erfolgreiches Ansinnen wieder abgeschafft oder in ihren Kompetenzen beschnitten werden. Es gibt keine Kompetenz-Kompetenz außer bei der tatsächlichen Mehrheit der Kopf- und Finanzierungsstimmen.

Die hier vorgestellte rationale Struktur kommt ohne Anleihe an göttliche Wahrheiten aus und bezieht sich auf keine ewigen Werte; stattdessen gründet sie im intuitiv wie rational selbstevidenten Selbsteigentum und dem daraus abgeleiteten Eigentumsbegriff. Es sei Leonardo da Vinci gewesen, der das schöne Wort geprägt habe: Eine kleine Wahrheit ist besser als eine große Lüge. Denn auch für eine kleine Wahrheit gilt: Magna est veritas et praevalebit (Groß ist die Wahrheit, und sie wird sich durchsetzen).

Und um ganz zum Schluss den Bogen zu schließen, lassen Sie mich, geehrter Leser, ein Wort Platons[94] auf die Letztbegründung der Menschenrechte beziehen, die sich als roter Faden von der Antike über die europäische Aufklärung und die amerikanische Menschenrechtserklärung bis hin zur hier auf neuem Wege bekräftigten rationalen Ethik aus dem Apriori der Argumentation nach Hoppe durchzieht: „Denn wie ein Gott unter Menschen verleiht der gegründete Anfang allem Bestand, wenn er die ihm gebührende Ehre von allen erhält, die sich seiner bedienen."

∞

Endnoten

1 Als Skizze liefert diese Arbeit keine detaillierten Erklärungen und Auseinandersetzungen mit anderen Sichtweisen. Dafür wird der Leser insbesondere verwiesen auf: von Mises: „Human Action"; Rothbard: „Man, Economy, and State" sowie „Ethics of Liberty" mit Hoppes Einleitung; Hoppe: „The Economics and Ethics of Private Property", auf die auch in frei formulierten Passagen rekurriert wird.

2 Preusse: „The Third Axiom, or A Logic of Liberty. On the Structure of Ethics and Economics as One Unified Aprioristic Science".

3 de Jasay: „Political Philosophy, Cleary", S. 119-138.

4 John Locke stellt in seinem „Second Treatise of Civil Government, Chap II, Of the State of Nature", fest, dass Menschen der gleichen Spezies und des gleichen Ranges im natürlichen Zustand der vollkommenen Freiheit und Gleichheit leben mit denselben natürlichen Vorteilen und denselben Fähigkeiten. Das kann ich nicht als kompatibel mit dem Diversitätsaxiom erkennen.

5 Eine hervorragende Übersicht hierzu bei Kinsella: „Argumentation Ethics and Liberty: A Concise Guide".

6 de Jasay, „Justice and its Surroundings", S. vi: „If ‚a thing is what it is, and not something else' – a safe enough proposition – we ought not to call it by something else's name or describe it by something else's defining characteristics. [...] It seems to me that by promoting clear thought, however, one would be doing a greater service to the good society than by promoting good principles."

7 z. B. Hoppe: „Ethics an Economics of Private Property", S. 316: „Yet the universalization principle only provides one with a purely formal criterion for morality." Hier auch Fußnote Habermas: „Moralbewusstsein und kommunikatives Handeln". Ebenso bei Rothbard: „Ethics of Liberty", S. 24: „But what may be the moral or immoral ways of exercising that right is a question of personal ethics . . .".

8 Entgegen dem allgemeinen und auch fachsprachlichen Gebrauch wird der Begriff Ethik hier auf das beschränkt, was man Rechtsethik oder Pflichtethik nennen kann. Was darüber hinausgeht, mag

einerseits Liebesethik, Nächstenliebe oder soziale Verantwortung heißen; dies aber ist nicht sauber abgrenzbar gegenüber Moral, indem sowohl Reichweite als auch Grad der Hingabe grundsätzlich unbegrenzt sind, womit sie unvereinbar wird mit der Betätigung und Anerkennung des eigenen Lebenswillens. Andererseits hat das Spannungsfeld von Wahrheitssuche und Selbstinteresse eine ethische Dimension, die nicht vollständig in den Begriffen der Pflichtethik und der Liebesethik aufgehen mag. Für diese letzteren gibt Schopenhauer in „Über die Grundlage der Moral" die Kurzformel „Neminem laede, imo omnes, quantum potes, juva" (Schade keinem, sondern hilf allen so gut du kannst), wogegen die Wahrheits- oder Wissenschaftsethik durch das Motto repräsentiert ist, das er diesem brillanten Stück von Philosophie vorangestellt hat: „Vitam impendere vero" (Das Leben der Wahrheit weihen). (Meine Übersetzungen.)

9 Zu Norm und Konvention s. Hoppe: „The Science of Human Action".

10 Hoppe: „The Ethics and Economics of Private Property", S. 332: „According to political economy, the most efficient means of alleviating, if not overcoming, scarcity is the institution of private property." Ebenda S. 333: „the institution of private property [...] is just – in fact [...] only this institution is just and [...] any deviation from it is not only economically inefficient but unethical as well."

11 von Mises: „Nationalökonomie", S. 17: „[W]ir denken das, was im Begriffe des Handelns steckt, bis ans Ende und entfalten aus ihm alles, was er enthält." Im entsprechenden Abschnitt von „Human Action", „The Formal and Aprioristic Character of Praxeology", spricht von Mises zwar von den „fundamental logic relations" (S. 34), expliziert sie aber nicht. Hoppe: Introduction to „The Ethics of Liberty", S. xxvii.

12 In seiner Einleitung zu „Man, Economy, and State", S. xxxi, beschreibt Rothbard den überzeugenden, wenn nicht zwingenden Charakter einer stringenten Logik: „Was ich mir für ein Lehrbuch vorstelle, wäre ein wegweisendes Projekt. Soweit möglich würde ich versuchen, ein Gebäude zu errichten [...] nämlich eine logische Schritt-für-Schritt-Entwicklung der theoretischen Struktur bei Mi-

ses. [...] Ich bin überzeugt, dass der Anfänger, der Student und der intellektuelle Laie die schwierigsten theoretischen Konzepte durch diese Schritt-für-Schritt-Methode verstehen können. [...] Schritt für Schritt, beginnend mit einfachen praxeologischen Axiomen, würde selbst der überzeugteste Sozialist am Ende plötzlich die Absurdität seiner sozialistischen und interventionistischen Glaubenssätze einsehen.“ (Meine Übersetzung.) Höchst bedauerlicherweise führt Rothbard bei der Planung seines Opus magnum nicht aus, in welcher Weise, unter Verwendung welcher Axiome, welcher Deduktionen und welcher Definitionen er diese logische Struktur zu entwerfen beabsichtigt. Die konzentrierteste Darstellung dieser Struktur in diesem Werk bringt der Schluss dieser Einleitung (S. xciv), wo er erklärt: „Das vorliegende Werk deduziert den gesamten Korpus der Ökonomie von wenigen einfachen und apodiktisch wahren Axiomen: dem grundlegenden Axiom des Handelns – dass Menschen Mittel einsetzen, um Ziele zu erreichen, und zwei hilfsweisen Postulaten: dass es eine Verschiedenheit von menschlichen und natürlichen Ressourcen gibt und dass Muße ein Konsumgut ist.“ (Meine Übersetzung.) Übereinstimmend beschreibt er dann in „Power and Market“ (S. 1.309 desselben Bandes) die „drei universell akzeptablen Axiome: das Hauptaxiom von der Existenz zielgerichteten menschlichen Handelns; und die Nebenpostulate oder Nebenaxiome der Verschiedenheit menschlicher Fähigkeiten und der natürlichen Ressourcen sowie das Arbeitsleid“. (Meine Übersetzung.) In seinem Essay „In Defense of ‚Extreme Apriorism‘“ spezifiziert Rothbard diese erkenntnistheoretische Klärung weiter: „Praxeologie enthält ein Fundamental-Axiom – das Axiom des Handelns –, das apriorisch genannt werden kann, und wenige Hilfs-Postulate, die eigentlich empirisch sind.“ Dies sind „(1) das wesentlichste [hiervon] – die Unterschiedlichkeit der sowohl natürlichen wie menschlichen Ressourcen [...] (2) weniger wichtig, dass Muße ein Konsumgut ist [...] (eigentlich ist nur Postulat 1 nötig)“ (Meine Übersetzung.) [Zwei weitere Postulate, indirekter Tausch und Maximierung des Geldprofits, führen lediglich einschränkende Unterteilungen in die Analyse ein.] So lässt uns Rothbard über den etwas schillernden epistemologischen Status des

Verschiedenheits-Satzes leider im Unklaren. Anders von Mises: In seinem Opus magnum, der „Nationalökonomie", S. 41 f., heißt es: „Dass die Arbeit mit Arbeitsleid verknüpft ist, ist nicht a priori einzusehen. [...] Wir sehen, dass Menschen [...] für die Muße Opfer bringen, und leiten daraus ab, dass das Freisein von Arbeit als Gut angesehen wird [...]". Nach Rothbards „In Defense of ‚Extreme Apriorism'" sind die Definitionsattribute eines Axioms: „(1) Es ist ein Gesetz der Wirklichkeit, dessen Falsifizierbarkeit undenkbar ist, das aber dennoch empirisch bedeutungsvoll und wahr ist; (2) es beruht auf universeller innerer Erfahrung, und nicht einfach auf äußerer Erfahrung, das heißt seine Evidenz ist reflektiv statt physisch; (3) es gilt a priori von komplexen historischen Ereignissen." Daher ist der Satz von der Existenz menschlichen Handelns, „der springende Punkt der Praxeologie", ein Axiom für von Mises als ein „Gesetz des Denkens" wie auch für ihn selbst als ein „Gesetz der Wirklichkeit". (Meine Übersetzung.) Eine widersprüchliche Charakterisierung des Selbsteigentums und des Eigentums an primär angeeigneten Gütern, sogar als „fundamentales Axiom" versus eine Deduktion, finden wir in „Ethics of Liberty" und „Man, Economy, and State", wie unten in der ersten Deduktion dargelegt wird.

13 In mancher Hinsicht mögen die Forderungen formaler Logik nicht erfüllt sein. Allerdings bin ich nicht überzeugt, dass diese Forderungen überall da streng erfüllt sind, wo in der austro-libertären philosophischen Systematik so eindrücklich von Logik und Deduktion die Rede ist. Was stattdessen vorliegt, ist wohl eine Form komplexer begrifflicher Ausführung, die bis zu einem gewissen Grad zwar rational und vertretbar ist, aber nicht notwendigerweise logisch vollständig. Beispielsweise bei der Darstellung des Selbsteigentums und des freien Willens habe ich zitiert, was als Deduktion vorgestellt wurde. Zusätzlich habe ich versucht, die axiomatische Basis für eine erfolgreiche Deduktion des Selbsteigentums zu verbreitern.

14 Johann Wolfgang von Goethe, Faust II, Vers 8010 ff.: „Phorkyaden: In Nacht geboren, Nächtlichem verwandt, / Beinah uns selbst, ganz allen unbekannt. Mephistopheles: In solchem Fall hat

es nicht viel zu sagen, / Man kann sich selbst auch andern übertragen."

15 Hoppe: „Economic Science and the Austrian Method", S. 20: „Since it [an epistemology claiming the existence of true synthetic a priori propositions] is understood as grounded in categories of action, the gulf between the mental and the real, outside, physical world is bridged."

16 von Mises: „Nationalökonomie", S. 17, „Human Action", S. 18: „Human action [...] must be considered as an ultimate given [...]".

17 von Mises: „Human Action", S. 64: „The scope of praxeology is the explication of the category of human action. All that is needed for the deduction of all praxeological theorems is knowledge of the essence of human action."

18 Rothbard: „Preface to Mises, ‚Theory and History'", S. xvi: „It is from this axiom, the fact of purposive human action, that all of economic theory is deduced."

19 Hoppe gibt in „Economic Science and the Austrian Method" (S. 22, 61) leider keine Quelle an für das von-Mises-Zitat: „Economic propositions flow directly from our reflectively gained knowledge of action; and the status of these propositions as a priori true statements about something real is derived from our understanding of what Mises terms ‚the axiom of action'." Gleiches gilt für sein Zitat in „Economics and Ethics of Private Property", S. 339: „He [von Mises] calls this conceptual knowledge the ‚axiom of action' ", wofür leider keine Quelle angegeben wird.

20 Oliva Córdoba: „Getting Mises Apriorism Right": „We must first turn to the core notions involved, i.e. the concept of uneasiness and the concept of action. [...] As was already emphasized, the notion of action is to be taken as comprising the notions of doing, believing and wanting. "

21 von Mises: „Theory and History", S. 309.

22 Zur Übersicht siehe die Einleitung zu Oliva Córdoba: „Getting Mises Apriorism Right".

23 Hoppe: „Economic Science and the Austrian Method", S. 18. Meine Übersetzung.

24 von Mises: „Human Action", S. 38. (Meine Übersetzung.)

25 Euklid: „Die Elemente“, S. 3.

26 von Mises: „The Ultimate Foundation of Economic Science“, S. 39. (Meine Übersetzung.)

27 Popper: „Die offene Gesellschaft“, Band II, S. 20 f.

28 Verschiedene Konzepte des apriori, speziell des konventionalistischen Ansatzes bei: Machan: „A Priori: A Brief Critical Survey“.

29 Rothbard: „For a New Liberty“: „The libertarian creed rests upon one central axiom: that no man or group of men may aggress against the person or property of anyone else. This may be called the ‚nonaggression axiom.‘ “

30 Rothbard: „In Defense of ‚Extreme Apriorism‘“: „(1) it is a law of reality that is not conceivably falsifiable, and yet is empirically meaningful and true; (2) it rests on universal inner experience, and not simply on external experience, that is, its evidence is reflective rather than physical; and (3) it is clearly a priori to complex historical events.“ von Mises: „Human Action“, S. 18: „As – at least under present conditions – it cannot be traced back to its causes, it must be considered as an ultimate given and must be studied as such.“ Hoppe: „The Ethics and Economics of Private Property“, S. 275: „Rather, what makes them [certain propositions] self-evident material axioms is the fact that no one can deny their validity without self-contradiction, for in attempting to deny them one already presupposes their validity.“

31 Hoppe: „Economic Science and the Austrian Method“, S. 18: „First, how is the truth of such [synthetic] propositions derived, if formal logic is not sufficient and observations are unnecessary? Kant's answer is that the truth follows from self-evident material axioms.“ („Axiome der Anschauung“ bei Kant, „Kritik der reinen Vernunft“, Elementarlehre, 2. Teil, 1. Abteilung, 2. Buch, 2. Hauptstück, 3. Abschnitt)

32 Nur auf das Handlungsaxiom bezogen, lautet die Formulierung bei Hoppe, „The Ethics and Economics of Private Property“, S. 277 f.: „. . . all true economic theorems consist of (a) an understanding of the meaning of action, (b) a situation or situational change – assumed to be given or identified as being given – and described in terms of action-categories, and (c) a logical deduction

of the consequences – again in terms of such categories – which are to result for an actor from this situation or situational change. ... Provided there is no flaw in the process of deduction, the conclusions which economic theorizing yields must be valid a priori."

33 von Mises: „Human Action", S. 40: „There is no mode of action thinkable in which means and ends or costs and proceeds cannot be clearly distinguished and precisely separated. There is nothing which only approximately or incompletely fits the economic category of an exchange. There are only exchange and nonexchange; and with regard to any exchange all the general theorems concerning exchanges are valid in their full rigidity and with all their implications."

34 von Mises: „Nationalökonomie", S. 17; die axiomatische Qualität des Satzes wird, wenn auch nicht explizit, in der auf Seite 25 folgenden Passage betont: „Dass meine Logik auch die Logik der anderen und schlechthin die einzige menschliche Logik ist, und dass die Kategorien meines Handelns auch die Kategorien des Handelns der anderen und schlechthin allen menschlichen Handelns sind, kann, wollen wir zugeben, nicht bewiesen werden."

35 Für Arthur Schopenhauer („Über die vierfache Wurzel des Satzes vom zureichenden Grunde") ist die Introspektion die unmittelbare Verbindung von Vorstellung und dem Willen als dem Ding an sich; dieser „Weltknoten" erlaubt die sicherste irgend erreichbare Erkenntnis.

36 von Mises: „Human Action", S. 39: „Handeln und Vernunft sind eines Ursprungs und gleichartig; man kann sie sogar zwei verschiedene Aspekte desselben Dinges nennen. Dass Vernunft die Kraft hat, durch reine Reflexion die wesentlichen Merkmale des Handelns zu klären, ist eine Folge der Tatsache, dass Handeln ein Ableger der Vernunft ist." (Meine Übersetzung.)

37 Janich: „Erkennen als Handeln".

38 Hoppe: „Demokratie", S. 60.

39 Papineau: „Die Evolution des Zweck-Mittel-Denkens", S. 244.

40 Brandt: „Können Tiere denken?", S. 57.

41 Man kann mutmaßen, dass er einen klaren Kontrast zu Axiombegriffen der Mathematik oder konventionalistischer Philosophie

schaffen wollte. Siehe dazu Machan: „A Priori: A Brief Critical Survey“.

42 von Mises: „Human Action“, S. 17. (Meine Übersetzung.)

43 Nach Arthur Schopenhauer („Die Welt als Wille und Vorstellung“) ist der Wille die primäre Entität, die unser Dasein ausmacht; danach erschienen unsere Bewertungen einfach als vom Willen abhängige Vorstellungen in unserem evolutionär so gewordenen Innenleben.

44 von Mises: „Human Action“, S. 18. (Meine Übersetzung.) Das vermeintliche Gegenteil von rationalem Handeln, also „irrationales“ Handeln, wird hier als ein irreführendes Urteil charakterisiert, das anstelle der Wahl und Wertung des Handelnden eine Sicht von außen setzt. In dieser Arbeit benutze ich den Terminus trotzdem in seiner pleonastischen Bedeutung, um die Rationalität der Handlung eigens zu betonen.

45 von Mises: „Theory and History“, S. 15: „Choosing means is a matter of reason, choosing ultimate ends a matter of the soul and the will.“

46 von Mises: „Theory and History“, S. 49: „Utilitarianism [...] does not deal at all with ultimate ends and judgements of value. It invariably refers only to means.“

47 Hoppe: „Eigentum, Anarchie und Staat“, S. 74 f.

48 Rothbard: „The Ethics of Liberty“, S. 45 und „Introduction“ von Hoppe S. xvi.

49 Casey: „Feser on Rothbard as a Philosopher“, S. 4-9, zeigt eine „list of other alternatives that, in his [Feser's] opinion, Rothbard should have considered but didn't. These are: (a) that no one owns anybody; (b) that God owns everyone; (c) that one class of people has a right to partial ownership of another class; (d) that everyone has partial or unequal ownership of everyone else.“

50 Der Vollständigkeit halber sei die Argumentation hier doch kurz angedeutet: Jede andere Zuweisung des Verfügungsrechts ganz oder teilweise an andere verliert die ethische Legitimität durch die Nicht-Universalisierbarkeit der Herren-Sklaven-Einteilung, oder sie führt zum performativen Widerspruch beim Versuch, das Primat der Gesellschaft zu begründen: Kein Mitglied einer Gesell-

schaft von Gemeinschafts-Eigentümern könnte irgendeinen Teil seines Körpers benutzen, der ihm nicht exklusiv gehört, um der Gemeinschaft einen Vorschlag zu machen oder dem Vorschlag eines anderen zuzustimmen. S. Rothbard: „Ethics of Liberty", S. 45 und Einleitung Hoppe, S. xvi.

51 Casey: „Can You Own Yourself? ", S. 1.

52 Persönlich bevorzuge ich die Sichtweise Arthur Schopenhauers („Die Welt als Wille und Vorstellung"), in der die Vorstellung eine Ausprägung, eine Dienerin des Willens ist, mit Ausnahme der wenigen und schwer erreichbaren erleuchteten Ausnahmezustände der wenigen, in denen sich die Vorstellung in Philosophie und Kunst vom Willen losmacht; diese Sicht umfasst auch die absichtliche Aufgabe des Selbst, was mit von Mises konsistent ist: „Human Action", S. 19: „Zu leben ist für den Menschen das Ergebnis einer Wahl, eines Werturteils." (Meine Übersetzung.)

53 Rothbard: „The Ethics of Liberty", S. 60: „Aus dem grundlegenden Axiom des natürlichen Rechts jedes Menschen auf Eigentum an sich selbst [...] deduziert die libertäre Theorie die absolute Moralität und das Recht aller gegenwärtigen Eigentumstitel [...] Das fundamentale Axiom der libertären Theorie ist, dass jede Person ein Selbsteigentümer sein muss." (Meine Übersetzung.) Gleichsinnig früher in „Man, Economy, and State", S. 185, wo er den britischen politischen Philosophen Auberon Herbert zustimmend zitiert: „Jedes menschliche Wesen bildet mit seinem oder ihrem Körper und mit seiner oder ihrer Seele eine abgeschlossene Einheit – woraus wir schließen müssen, dass die Einheiten sich selbst gehören und nicht sich gegenseitig." (Meine Übersetzung.) Ich gebe gern zu, dass das Henne-Ei-Problem von zwei Seiten gesehen werden kann und dass eventuell auch die freie Wahlhandlung aus dem Selbsteigentum hergeleitet werden kann; ich ziehe jedoch vor, der austrolibertären Denktradition zu folgen und die „Existenz der menschlichen Handlung" als das „Fundamentalaxiom, den springenden Punkt" (Rothbard: „In Defense of ‚Extreme Apriorism'") zu betrachten.

54 Ein „Recht", das ein „Recht" „bestätigt", und das „Eigentum" am „eigenen" Körper verstehe ich als vage Formulierungen, die neue

Ideen durchscheinen lassen. (Meine Übersetzung.)

55 Hoppe: „A Theory of Socialism and Capitalism“, S. 21. (Meine Übersetzung.)

56 de Jasay: „Against Politics“, S. 158 ff., idem: „Justice and its Surroundings“, S. vii: „If you needed a right to a freedom, it would not be a freedom.“

57 von Hayek: „Verfassung der Freiheit“, S. 14.

58 von Mises: „Theory and History“, S. 179: „Freier Wille bedeutet, dass der Mensch bestimmte Ziele anstreben kann, weil er mit einigen der Gesetze vertraut ist, die den Gang der Welt bestimmen. Es gibt einen Bereich, in dem der Mensch zwischen Alternativen wählen kann. Er ist nicht wie andere Tiere unausweichlich und unabänderlich dem Wirken des blinden Schicksals ausgeliefert. In fest umrissenen engen Grenzen kann er die Ereignisse von dem Kurs ablenken, den sie ohne ihn nehmen würden. Er ist ein handelndes Wesen. Darin besteht seine Überlegenheit gegenüber Mäusen und Mikroben, Pflanzen und Steinen. In diesem Sinne trifft auf ihn der – vielleicht unzweckmäßige und irreführende – Begriff des ‚freien Willens‘ zu.“ (Meine Übersetzung.)

59 Rothbard: „Ethics of Liberty“, S. 31.

60 van Dun: „Argumentation Ethics“.

61 von Mises: „Theory and History“, S. 187-188: „Es sind Ideen, die Menschen von anderen Wesen unterscheiden. Ideen haben soziale Institutionen zur Folge, technische Produktionsmethoden und alles, was man ökonomische Bedingungen nennt. Wenn wir nach deren Ursprung forschen, kommen wir unausweichlich zu einem Punkt, wo alles, was wir geltend machen können, ist, dass ein Mensch eine Idee hatte. [...] Ideen sind das Letztgegebene der Geschichtsforschung.“ (Meine Übersetzung.)

62 Rothbard: „Man, Economy, and State“, S. 1.337 ff.

63 Eine kurze Diskussion der Hohfeldschen [Wesly Newcomb Hohfeld, 1879-1918, Jurist USA] Unterscheidung von positivem, also tripolar oder gesellschaftlich vermitteltem, Recht einerseits und andererseits dem Naturrecht, das ein „latentes oder virtuelles Recht“ begründet, bei Casey: „Can You Own Yourself?“

64 Casey: „Can You Own Yourself?“. Casey stellt die Hohfeldsche

Idee des Rechts vor als „Anerkennung eines präexistenten Anspruchs von einem oder mehreren Gesellschaftsmitgliedern durch die Gesellschaft“; ohne eine strikte Definition von „Gesellschaft“ und „Anerkennung“ durch eine Multitude erscheint mir dies dysfunktional. Casey entgeht dem Dilemma, indem er „einen Begriff von latentem oder virtuellem Eigentumsverhältnis“ bevorzugt.

65 Hoppe: „Of Private, Common, and Public Property and the Rationale of Total Privatization.“

66 Kinsella: „Against Intellectual Property“, Rothbard: „Man, Economy, and State“, S. 11.

67 Nach der Bedeutung bei de Jasay, siehe Endnote 56.

68 Hoppe: „Demokratie“, Kapitel 12: „Über Regierung und die private Produktion von Verteidigung“, S. 443 ff.

69 von Mises: „Human Action“.

70 Rothbard: „Man, Economy, and State“, Chapter 1.

71 zum Beispiel Westerhoff, Nikolas: „Urteile und Vorurteile“, S. 159.

72 von Mises: „Human Action“, S. 160.

73 Rothbard: „The Ethics of Liberty“, S. 40 f. analysiert die Idee der freiwilligen Sklaverei als selbstwidersprüchlich, um hier die Unveräußerlichkeit des Willens zu betonen.

74 Hoppe: „Demokratie“, S. 60.

75 Hoppe: „The Ethics and Economics of Private Property“, S. 275.

76 zum Beispiel Rothbard: „In Defense of ‚Extreme Apriorism‘“:„[T]he Fundamental Axiom (the nub of praxeology): the existence of human action. From this absolutely true axiom can be spun almost the whole fabric of economic theory: Some of the immediate logical implications that flow from this premise are: the means-ends-relationship, the time-structure of production, time-preference, the law of diminishing marginal utility, the law of optimum returns etc.“

77 das in Hayeks „Verfassung der Freiheit“ nicht vorkommt.

78 Friedrich Nietzsche, „Also sprach Zarathustra. Vom neuen Götzen.“ Ebenso das Motto von Teil 2.2.

79 Besonders empfehlenswert zur Verschränkung von Natur-, Kultur- und Wirtschaftsgeschichte sind die Bücher von Nicolas Wade:

„A Troublesome Inheritance“ und „Before the Dawn“ und „A Farewell to Alms“ von Gregory Clark. Viele der im Folgenden dargestellten Zusammenhänge auch bei Hoppe: „A Short History of Man. Progress and Decline“.

80 Flaig: „Gegen den Strom“, S. 111.

81 Zum potentiell großen Segen der Innovation und Arbeitsteilung für den Innovator und Unternehmer und zum potentiell sehr viel größeren Nutzen für die Konsumenten und Arbeiter siehe Clark: „A Farewell to Alms. A Brief Economic History of the World“.

82 Zur Rolle der Intelligenzentwicklung in der Menschheitsgeschichte, speziell auch zum – nicht unverlierbaren – Entkommen aus der Malthus-Falle mit der industriellen Revolution, siehe Hoppe: „A Short History of Man. Progress and Decline“, S. 86 ff.

83 Lynn: „Dysgenics“.

84 Übersicht über die einschlägigen Arbeiten von Hoppe bei: Kinsella: „Argumentation Ethics and Liberty: A Concise Guide“.

85 Kern: „Kingship and Law in the Middle Ages“, S. 184: „Ganze Jahrhunderte verstreichen ohne die kleinsten Anzeichen von Gesetzgebung oder ordinierender Tätigkeit in unserem Sinne.“ (Meine Übersetzung.)

86 Hoppe: „A Short History of Man. Progress and Decline”, S. 111.

87 Die Kontrastierung dieser Anforderungen an die Wirksamkeit eines Einverständnisses mit dem nonchalant unterstellten und intellektuell absurd konstruierten impliziten Einverständnis mit der staatlichen Organisation der Gesellschaft zeigt den unwiderstehlichen Charme der Rechtshoheit in eigener Sache.

88 Zur Delegitimierung des Staates, speziell auch der „repräsentativen Demokratie“, siehe Casey: „Libertarian Anarchy“.

89 Eine gelungene Darstellung sowohl grundsätzlicher ethischer als auch technischer Aspekte des staatlichen Geldwesens bei Hülsmann: „Die Ethik der Geldproduktion“.

90 Friedrich Engels 1867 zum eben erschienenen „Das Kapital“, „Marx-Engels-Werke“, Berlin Ost 1956, Band 16, S. 216. Zit. n. Löw: „Die Lehre des Karl Marx“, S. 322. Dass dieses sozialistische tausendjährige Reich zwei mal 33 Jahre vor Hitler gedacht

wurde, bildet eine starke Versuchung zur Zahlenmystik – der ich natürlich widerstehe.

91 Hierzu sehr instruktiv: Kern: „Kingship and Law in the Middle Ages".

92 Zum Konzept von „nationaler Sicherheit" siehe Hoppe: „The Myth of National Defense".

93 Zitiert nach Kaufmann, Jonas: „Luthers Juden", S. 65.

94 Zitiert nach Flaig: „Gegen den Strom", hier allerdings vor einem monotheistisch-globalpolitischen Hoffnungshorizont.

Literatur

Brandt, Reinhard, „Können Tiere denken? Ein Beitrag zur Tierphilosophie“, Frankfurt: Suhrkamp, 2009.

Casey, Gerard, „Can You Own Yourself?“, „Analysis and Metaphysics“, 10:9-16, researchrepository.ucd.ie.

Casey, Gerard, „Feser on Rothbard as a Philosopher“, „Libertarian Papers“ 1, 34, 2009, libertarianpapers.org.

Casey, Gerard, „Libertarian Anarchy“, London: Continuum, 2012.

Clark, Gregory. „A Farewell to Alms. A Brief Economic History of the World“. Princeton University Press, 2007.

Dun, Frank van, „Argumentation Ethics and the Philosophy of Freedom“,„Libertarian Papers“ 1, 19, 2009, libertarianpapers.org.

Euklid, „Die Elemente“, Frankfurt: Harri Deutsch, 2010.

Flaig, Egon, „Gegen den Strom“, Springe: Zu Klampen, 2013.

Hayek, Friedrich August von, „Die Verfassung der Freiheit“, Tübingen: J.C.B.Mohr, 1971. Erstauflage des englischen Originals „The Constitution of Liberty“, 1960.

Hoppe, Hans-Hermann, „Eigentum, Anarchie und Staat“, Manuscriptum, 2005 (Erstveröffentlichung 1985), zitiert nach Kinsella, Stephan: „How We Come to Own Ourselves“, „Mises Daily“, September 07, 2006, mises.org.

Hoppe, Hans-Hermann, „A Theory of Socialism and Capitalism“, Auburn: Ludwig von Mises Institute, 2007. Nachdruck der ersten Ausgabe 1989.

Hoppe, Hans-Hermann, „The Economics and Ethics of Private Property",„Studies in Political Economy and Philosophy", zweite Auflage, Auburn: Ludwig von Mises Institute, 2006. Erstauflage 1993.

Hoppe, Hans-Hermann, „Economic Science and the Austrian Method", Auburn: Ludwig von Mises Institute, 1995, mises.org.

Hoppe, Hans-Hermann, „Demokratie. Der Gott, der keiner ist", Waltrop: Manuscriptum, 2003. Erstauflage des englischen Originals „Democracy – The God That Failed" 2001.

Hoppe, Hans-Hermann, Hrsg., „The Myth of National Defense", Auburn: Ludwig von Mises Institute, 2003.

Hoppe, Hans-Hermann, „Of Private, Common, and Public Property and the Rationale for Total Privatization", „Libertarian Papers" 3, 1, 2011, libertarianpapers.org.

Hoppe, Hans-Hermann, „The Science of Human Action", Auburn: Ludwig von Mises Institute, 24.07.2011, mises.org.

Hoppe, Hans-Hermann, „A Short History of Man. Progress and Decline", Auburn: Ludwig von Mises Institute, 2015; deutsch: „Eine kurze Geschichte der Menschheit: Fortschritt und Niedergang", Grevenbroich: Lichtschlag, 2015.

Hülsmann, Jörg Guido, „Die Ethik der Geldproduktion", Waltrop: Manuscriptum, 2007.

Janich, Peter, „Erkennen als Handeln. Von der konstruktiven Wissenschaftstheorie zur Erkenntnistheorie", Erlangen und Jena: Palm & Enke, 1993.

Jasay, Anthony de, „Against Politics", London, New York: Routledge, 1997.

Jasay, Anthony de, „Justice and its Surroundings“, Indianapolis: Liberty Fund, 2002.

Jasay, Anthony de, „Political Philosophy, Clearly. Essays on Freedom and Fairness, Property and Equalities“, Indianapolis: Liberty Fund, 2010.

Kaufmann, Jonas, „Luthers Juden“, Stuttgart: Reclam-Verlag, 2014.

Kern, Fritz, „Kingship and Law in the Middle Ages, I. The Devine Right of Kings and the Right of Resistance on the Early Middle Ages, II. Law and Constitution in the Middle Ages“, Oxford: Basil Blackwell 1948, übersetzt nach der Monographie „Gottesgnadentum und Widerstandsrecht im frühen Mittelalter“, mit Vorwort vom 1. August 1914, und dem Artikel „Recht und Verfassung im Mittelalter“, in: „Historische Zeitung“, 1919.

Kinsella, N. Stephan, „Against Intellectual Property“, Auburn: Ludwig von Mises Institute, 2008, mises.org.

Kinsella, N. Stephan, „Argumentation Ethics and Liberty: A Concise Guide“, Auburn: Ludwig von Mises Institute, 2011, mises.org.

Löw, Konrad, „Die Lehre des Karl Marx. Dokumentation – Kritik“, Köln: Deutscher Instituts-Verlag, 1989.

Lynn, Richard, „Dysgenics. Genetic Deterioration in Modern Populations“, Ulster: Institute for Social Research, 2011.

Machan, Tibor R., „A Priori: A Brief Critical Survey“, „Libertarian Papers” 3, 23, 2011, libertarianpapers.org.

Mises, Ludwig von, „Theorie des Geldes und der Umlaufsmittel“, Berlin: Duncker & Humbolt, 2005. Unveränderter Nachdruck der zweiten, neubearbeiteten Auflage von 1924.

Mises, Ludwig von, „Nationalökonomie. Theorie des Handelns und Wirtschaftens“, München: Philosophia, 1980. Unveränderter Nachdruck der 1. Auflage, Genf 1940.

Mises, Ludwig von, „Human Action“, Auburn: Ludwig von Mises Institute, 1998. Erstauflage 1949.

Mises, Ludwig von, „Theory and History“, Auburn: Ludwig von Mises Institute, Nachdruck 2007. Erste Auflage 1957.

Mises, Ludwig von, „The Ultimate Foundation of Economic Science“, Indianapolis: Liberty Fund, 2006. Erste Auflage 1962.

Oliva Córdoba, Michael, „Getting Mises Apriorism Right: On the Philosophy and Logic of Praxeology“, Vortrag bei der Austrian Economics Research Conference, Mises Institute, Auburn, 2013; in Kürze erscheinend in: „Praxeologische Studien“, herausgegeben von Michael Oliva Córdoba und Rolf W. Puster.

Papineau, David, „Die Evolution des Zweck-Mittel-Denkens“, in: Perler u.a. (Hrsg.): „Der Geist der Tiere“, Frankfurt: Suhrkamp, 2005, S. 244 ff.

Popper, Karl, „Die offene Gesellschaft und ihre Feinde. Band II. Falsche Propheten. Hegel, Marx und die Folgen“, Tübingen: Mohr Siebeck, 2003. Erstauflage des englischen Originals „The Open Society and Its Enemies, Volume II: The High Tide of Prophecy: Hegel, Marx and the Aftermath“, 1945.

Preusse, Peter J., „The Third Axiom, or A Logic of Liberty: On the Structure of Ethics and Economics as One Unified Aprioristic Science“„Libertarian Papers“ 2, 12 (2010), libertarianpapers.org.

Rothbard, Murray N., „In Defense of ‚Extreme Apriorism‘, „Southern Economic Journal“, Januar 1957, S. 314-320. Auburn: Ludwig von Mises Institute, mises.org.

Rothbard, Murray N., „Man, Economy, and State with Power and Market“, Auburn: Ludwig von Mises Institute, 2004. Erstauflage 1962.

Rothbard, Murray N., „For A New Liberty, Chapter 2: Property and Exchange“, Auburn: Ludwig von Mises Institute, 1973, mises.org.
Rothbard, Murray N., „The Ethics of Liberty. Introduction by Hans-Hermann Hoppe“, New York und London: New York University Press, 2002. Erstauflage New York 1982.

Wade, Nicholas, „Before the Dawn. Recovering the lost History of Our Ancestors“, New York: Penguin Press, 2006.

Wade, Nicholas, „A Troublesome Inheritance. Genes, Race and Human History“, New York: Penguin Press, 2014.

Westerhoff, Nikolas, „Urteile und Vorurteile“, in: Oehler u.a. (Hrsg.): „Was kann Psychologie“, Weinheim und Basel: Beltz Verlag, 2009, pp. 153 ff.

eigentüm

Eigentum

und Recht

und Freiheit

lich frei